BARBARA SCHÜTZE UND DAGMAR WÄSCHER

Entdecke Dich selbst!

BARBARA SCHÜTZE UND DAGMAR WÄSCHER

Entdecke Dich selbst!

Mit Astrologie und NLP
die eigenen Potenziale entwickeln

Ein Erlebnisbuch

astronova
Wir versenden Welten.

Hinweis zur Durchführung der Übungen

Dieses Buch kann ärztlichen und/oder psychotherapeutischen Rat nicht ersetzen. Der Leser/die Leserin ist aufgefordert, selbst Verantwortung zu übernehmen und zu entscheiden, ob und wann er/sie medizinische Hilfe in Anspruch nehmen will. Die Autorinnen und der Verlag übernehmen keine Haftung für vermeintliche oder tatsächliche Schäden, die sich aus dem Gebrauch der in diesem Buch angeführten Inhalte ergeben. Alle Übungen und Traumreisen werden in der Praxis angewandt und haben sich bestens bewährt.

ISBN 978-3-937077-53-6
© astronova Tübingen, 2012

Umschlag: Judith Hamann
Bild © istockphoto.com

Druck: SDL, Berlin
Zu beziehen im Buchhandel oder über:
astronova , Postfach 1250, D-72002 Tübingen
www.astronova.com

Inhalt

Einleitung...11
Der Zusammenfluss von Astrologie und Coaching.................13

Astrologisches Wissen und die Selbstbefähigung, sich gesund zu fühlen...15
Jeder ist seines Glückes Schmied 15
Salutogenese oder: Wie werde ich ein guter Schwimmer?.............16
Das Kohärenzgefühl 17
Unsere Einstellungen und unser Verhalten beeinflussen unsere Gesundheit –
Empower yourself! 19
Kleiner Gesundheitscheck...20
Der systemische Ansatz: Die Einheit in der Ganzheitlichkeit erkennen...23
Die generalisierten Widerstandsressourcen im Blickfeld eines weiteren
Systems 25
Astrologische Möglichkeiten, die eigenen Ressourcen zu erkennen und zu
mobilisieren 26

Coaching mit NLP-Elementen 28
Analyse deiner Ist-Situation: Das Lebensrad.................35

Das Große Kreuz – das Grund-gerüst unseres Lebens 38
Der Aszendent...40
Der Deszendent...40
Das Imum Coeli – die Himmelstiefe im Horoskop.................41
Das Medium Coeli – die Himmelsmitte im Horoskop.................43
Das Große Kreuz in der Synthese.................................46

Systemische Zusammenhänge im Coaching 49
Die Pyramide nach Robert Brian Dilts.................................52

Die vier Eckpfeiler des Lebens in der Bedeutung der zwölf Tierkreiszeichen...56
Aszendent und Deszendent in den Tierkreiszeichen.................56
Aszendent Widder – Deszendent Waage.................56
Der Aszendent Widder im Entwicklungsprozess.................58

Aszendent Stier – Deszendent Skorpion 61

Der Aszendent Stier im Entwicklungsprozess 62

Aszendent Zwillinge – Deszendent Schütze 66

Der Aszendent Zwillinge im Entwicklungsprozess.................. 68

Aszendent Krebs – Deszendent Steinbock 71

Der Aszendent Krebs im Entwicklungsprozess 73

Aszendent Löwe – Deszendent Wassermann 77

Der Aszendent Löwe im Entwicklungsprozess 79

Aszendent Jungfrau – Deszendent Fische 80

Der Aszendent Jungfrau im Entwicklungsprozess................. 82

Aszendent Waage – Deszendent Widder.................................. 84

Der Aszendent Waage im Entwicklungsprozess 86

Aszendent Skorpion – Deszendent Stier 88

Der Aszendent Skorpion im Entwicklungsprozess................ 89

Aszendent Schütze – Deszendent Zwillinge 93

Der Aszendent Schütze im Entwicklungsprozess 94

Aszendent Steinbock – Deszendent Krebs 100

Der Aszendent Steinbock im Entwicklungsprozess............. 102

Die Geschichte vom Steinbock 106

Aszendent Wassermann – Deszendent Löwe 110

Der Aszendent Wassermann im Entwicklungsprozess 111

Aszendent Fische – Deszendent Jungfrau 115

Der Aszendent Fische im Entwicklungsprozess.................... 117

Übung: Reise zur Kraftquelle... 117

Das Imum Coeli in den Tierkreiszeichen *121*

Widder am Imum Coeli.. 121

Stier am Imum Coeli.. 122

Zwillinge am Imum Coeli 123

Krebs am Imum Coeli 124

Löwe am Imum Coeli.. 126

Jungfrau am Imum Coeli 127

Waage am Imum Coeli.. 128

Skorpion am Imum Coeli 129

Schütze am Imum Coeli.. 130

Steinbock am Imum Coeli 131

Wassermann am Imum Coeli.. 132

Fische am Imum Coeli 133

Das Medium Coeli in den Tierkreiszeichen *135*

Widder am Medium Coeli...136

Stier am Medium Coeli..136

Zwillinge am Medium Coeli..137

Krebs am Medium Coeli..138

Löwe am Medium Coeli...139

Jungfrau am Medium Coeli..140

Waage am Medium Coeli...141

Skorpion am Medium Coeli...142

Schütze am Medium Coeli...143

Steinbock am Medium Coeli..144

Wassermann am Medium Coeli..145

Fische am Medium Coeli...146

Dem eigenen Stern begegnen..*147*

Ein Beispiel aus der Praxis..**152**

Astrosystemische Beratung für Lisa..*152*

Ein Coaching für Lisa...*160*

Theatertechnik...161

Schnelle Gefühlsveränderung durch Hin- und Herhüpfen...164

Kleine Erläuterungen zum Lesen einer Horoskopgrafik......168

Eine Horoskopgrafik erstellen...*168*

Die Achsen in den Tierkreiszeichen lesen...................................*168*

Danksagungen **170**

Literaturempfehlungen **171**

Astrologische Literatur...171

Verzeichnis der Übungen...**174**

Über die Autorinnen...**176**

7

Liebe Leserin, lieber Leser,

dieses Buch wird Sie auf eine sehr persönliche Entdeckungsreise mitnehmen. Wir haben uns daher bewusst entschlossen, das Du als Ansprache zu wählen, nicht weil wir Ihnen mit Respektlosigkeit entgegentreten möchten, sondern weil wir die Erfahrungen gemacht haben,

- dass sich in Seminaren das Phänomen ergibt, rasch zum Du zu wechseln (mit gegenseitiger Übereinstimmung). In unserer Vorstellung waren Sie alle auf diesem Weg als Seminarteilnehmerinnen und Seminarteilnehmer bei der Entwicklung dieses Buches beteiligt.

- dass viele Inhalte direkt die Ressourcen in Ihrem Unterbewusstsein ansprechen und aktivieren, und für diesen Prozess ist das Du die bessere Wahl.

- dass sich Menschen dadurch viel besser mit dem Geschriebenen und den Übungen identifizieren können. Wer sich mit etwas identifiziert, der wird mit hoher Wahrscheinlichkeit äußerst viel Lust bekommen, mit der einen oder anderen Übung Experimente unternehmen zu wollen. Und darauf möchten wir Sie herzlich einladen!

Denn ein Erlebnisbuch wird erst dann zu Ihrem Erlebnis, wenn sich Ihre bisher gemachten Erfahrungen mit den Erfahrungen erschliessen, die Sie durch dieses Buch gewinnen werden.

In diesem Sinne: Möge es Dich dazu inspirieren, Dich selbst wieder neu zu entdecken!

Einleitung

Dieses Buch stellt keine Gebrauchsanweisung für den Umgang mit Astrologie dar, auch wurde es nicht als (astrologisches) NLP-Coaching-Lehrbuch erdacht. Es gibt hierfür bereits genügend gute Literatur, auf die wir im Anhang hinweisen. Es bietet auf allgemein verständliche Art einen ersten Zugang zu unkonventionellen Wegen, um sich aus einer anderen Perspektive betrachten zu können. Unseren Wunsch nach einem vielfältigen Informations- und Erlebnisbuch hoffen wir damit erfüllt zu haben. Reichhaltiges Wissen erschafft Neugier, sich mit einem oder mehreren Themen aus diesem Buch auseinanderzusetzen. Uns hat es bei der Umsetzung innige Freude bereitet, und wir könnten uns keine größere Begeisterung vorstellen, wenn du beim Lesen und Experimentieren selbst in dieses Gefühl hineinversetzt werden würdest.

Astrologische Vorkenntnisse sind nicht notwendig; wir beschreiben die Faktoren, die wir in diesem Buch miteingebunden haben, in den jeweiligen Kapiteln. Wir gehen hauptsächlich auf die Themen des Aszendenten, Deszendenten, Imum Coeli und Medium Coeli in den zwölf Tierkreiszeichen ein (siehe in der jeweiligen Ausführung). Mit diesen vier Größen können wir in erster Instanz mehr über uns erfahren, als wenn wir uns mit der Sonne in diesem Buch auseinandergesetzt hätten. (Die Sonne in den Tierkreiszeichen entspricht im laiengebräuchlichen Umgang den Sternzeichen, die jedoch nichts mit den astronomischen Sternbildern gemein haben). Die Übungen lassen sich auch ohne die astrologischen Erklärungen durchführen, du kannst dich ruhig von deinen Impulsen treiben lassen, welche Übung du gerne für dich ausprobieren möchtest. Denn letztendlich „bestehen" wir aus allen Tierkreiszeichen und Planeten; allein die Position bestimmter Horoskopfaktoren lässt eine individuelle Deutung zu. Deswegen sind die einzelnen Aussagen der beschriebenen Faktoren in den zwölf Tierkreiszeichen sehr allgemein gehalten. Eine persönliche Deutung bzw. Beratung ist nur über das individuelle Horoskop möglich. Wie dies aussehen könnte, kannst du im praxisbezogenen Beispiel im letzten Kapitel nachlesen.

Wenn du es ein klein wenig genauer wissen möchtest, in welchen Tierkreiszeichen dein individuelles Grundgerüst des Lebens geborgen liegt, dann findest du im Anhang einige Erläuterungen, wie du dir z.B. eine Horoskopgrafik im Handumdrehen mittels Internet erstellen kannst und wie sich eine Horoskopgrafik liest.

Beschäftigst du dich schon länger mit Astrologie oder bist du selbst Astrologe/Astrologin oder im Coaching tätig, möge sich für dich diese Lektüre als Impulsgeber für weitere kreative Herangehensweisen entpuppen. Wenn du unserer Arbeit oder der Astrologie oder dem NLP eher skeptisch gegenüberstehst, was dein gutes Recht ist, dann versuche es als ein Angebot anzusehen, dich auf unser Denkmodell einzulassen. Vielleicht machst du damit eine ganz neue Erfahrung. Nicht umsonst mag dir dieses Buch zu Händen gekommen sein.

Jeder kann es auf seine Weise für sich nutzen und als Geschenk annehmen, die Entscheidung liegt jedoch immer bei einem selbst. Niemand kann für dich durch diese Tür gehen, aber sie steht für alle offen, die es wagen, sich auf ein neues Abenteuer einzulassen, um sich selbst (wieder) begegnen zu können.

Der Zusammenfluss von Astrologie und Coaching

Willst du das Land in Ordnung bringen, musst du erst die Provinzen in Ordnung bringen. Willst du die Provinzen in Ordnung bringen, musst du erst die Städte in Ordnung bringen. Willst du die Städte in Ordnung bringen, musst du erst die Familien in Ordnung bringen. Willst du die Familien in Ordnung bringen, musst du die eigene Familie in Ordnung bringen. Willst du die eigene Familie in Ordnung bringen, musst du dich in Ordnung bringen.

Orientalische Weisheit

Achte auf deine Gedanken, denn sie werden Worte. Achte auf deine Worte, denn sie werden Handlungen. Achte auf deine Handlungen, denn sie werden Gewohnheiten. Achte auf deine Gewohnheiten, denn sie werden dein Charakter. Achte auf deinen Charakter, denn er wird dein Schicksal.

Aus dem Talmud

Verantwortungsbewusst angewandte Astrologie kann uns begreifbar machen, wo, wie und vielleicht auch warum wir in einer momentanen Situation (emotional) festhängen und stagnieren. Sie verhilft uns zu einem Wissen, das unser Verhalten aus dem Blickwinkel der Distanz heraus erklärt. Dies ist eine gute Voraussetzung, um sich in die eigenen Entwicklungsprozesse begeben zu können, denn Wissen allein reicht meistens nicht aus, um in das Sein zu gelangen. Ich kann z.B. wissen, dass mich ein bestimmter Minderwertigkeitskomplex schwächt, aber wie kann ich frei von ihm werden? Wie erreiche ich eine Erneuerung meines Selbst?

Immer dann, wenn es um die Frage „Wie erreiche ich den Zustand, den ich vom Wissen her anstrebe und der mich gesund erhält?" geht, können wir den astrologischen Beratungsprozess mit anderen unterstützenden Mitteln aus dem therapeutischen Bereich begleiten. Zwar ist es für mich als astrosystemisch Beratende möglich, Wege zu einer denkbaren Veränderung aufzuzeigen, aber die Rat suchende Person muss erst einmal ihre innere Motivation mobilisieren, um eine bestimmte Handlung durchführen zu können, die sie wahrscheinlich noch nie in ihrem Leben vollzogen hat, oder dabei das Gefühl entwickelt hat, gescheitert zu sein. Sie „muss" quasi etwas von sich aus unternehmen, um eine kleine oder große Transformation durchgehen zu können.

Viele Menschen v_ fügen über diese Fähigkeit, sich selbst in transformative Prozesse zu begeben, und dies auch oder gerade durch eine astrosystemische Beratung. Beim Betrachten aus der Distanz reicht der „Aha"- Effekt oftmals aus, um sich selbst in die eigenen Kreationen der Möglichkeiten zu begeben. Aber manche Menschen brauchen in gewissen Situationen eine weitere unterstützende Methode, um da abgeholt zu werden, wo sie sich stehen gelassen fühlen, um Einkehr in ihre persönlichen Prozesse zu finden.

Hier vollzieht sich die Schnittstelle von Astrologie und einer Coachingform, die Barbara bereits über viele Jahre hinweg praktiziert. Wir arbeiten zwar beide in unterschiedlichen Disziplinen, aber uns verbindet der lösungsorientierte und systemische Denkansatz. Wir haben somit unsere Brücke gefunden, wie dem Wissen genügend Mut vermittelt werden kann, um in einem lebendigen und bejahenden Sein ankommen zu können.

Astrologisches Wissen und die Selbstbefähigung, sich gesund zu fühlen

Dagmar Wäscher

Jeder ist seines Glückes Schmied

Diese Weisheit ist wahrscheinlich so alt wie die Welt. Und doch entdeckt sie jeder Mensch auf seine eigene Art und Weise immer wieder neu, denn persönliche Erfahrungen von Glück und Zufriedenheit können nicht über die Außenwelt implantiert werden. Wir können sie nur selbst empfinden. Sicherlich ist unsere Umwelt mit einem erheblichen Maß daran beteiligt, aber wir alleine entscheiden, was uns beseligt und was uns leiden lässt.

Primär ist Leiden nicht dazu da, dass wir vor uns hin darben, sondern es zeigt uns einen Zeitpunkt in unserem Leben an, in dem wir etwas korrigieren können, das uns zuvor noch nicht bewusst war. Damit meine ich, dass wir uns zwar über unsere Sicht der Dinge, unsere Einstellungen und Verhaltensweisen im Klaren sind, aber in den meisten Fällen verknüpfen wir nicht die Geschehnisse, die uns widerfahren, mit unserem Denken und Handeln. Allzu natürlich basteln wir dann an unserer Außenwelt herum, in der Hoffnung, sie so zu verändern, um eine Besserung unseres Zustands herbeizuführen. Aber mal ehrlich, selbst wenn uns dies gelingt, wie lange hält die Reparatur der Außenfassade an? Und vor allem, wie viel Energie verbrauchen wir, um diese Instandsetzung aufrechtzuerhalten? Auf diese Weise sind wir ständig bei den Anderen, nur nicht bei uns selbst. Derweil ist es wesentlich leichter, sich selbst zu verändern, anstatt die Welt verändern zu wollen. Auch wenn jetzt viele unter

15

unseren Lesern und Leserinnen seufzen werden: Ja, an sich selbst zu arbeiten kann Anstrengung bedeuten, muss es jedoch nicht. Allein die Motivation verhilft Berge zu versetzen, und die ist es, die wir in diesem Buch mit euch erobern wollen! Ist es nicht erstaunlich, dass wir durch die Arbeit an uns selbst, unsere Umwelt dazu ermutigen, sich ebenfalls in die Veränderung zu begeben? Denn unser neues Verhalten bedingt neue Reaktionen unserer Mitmenschen, weil wir alle in einem großen System (*systema*, griech.: das Gebilde, Zusammengestellte, Verbundene) eingebettet sind. Das bedeutet, dass wir uns alle in einem permanenten „Aussteuerungsmechanismus" befinden. Verändert sich ein Teil eines Systems, „müssen" die restlichen Teile darauf reagieren. Ein großartiger Nebeneffekt, der auf diesem Weg parallel geschieht!

Salutogenese oder: Wie werde ich ein guter Schwimmer?

Der Soziologe Aaron Antonovsky (1923 – 1994) beschäftigte sich ausschließlich mit der Frage, was Menschen, trotz der vielen potentiellen gesundheitsgefährdenden Einflüsse, gesund erhält. Er nannte diese Betrachtungsweise *Salutogenese* (*Salus*, lat.: Unverletztheit, Heil, Glück; *Genese*, griech.: Entstehung). Aus einem systemtheoretischen Ansatz heraus, prägte er das Bild eines Flusses, das den Strom des Lebens darstellt. Der Fluss ist voller Gefahren, Unsicherheiten und ist zudem stark verschmutzt. Niemand, der in ihm schwimmt, kann sich dem entziehen. Nun kann man die Schwimmer aus unterschiedlichsten Perspektiven heraus betrachten: Wer ertrinkt am schnellsten? Womit kann man die Schwimmer, noch ehe sie ertrinken, am ehesten aus dem Wasser holen? Womit könnte man das Schwimmen im Fluss erleichtern?

Je nach gesundheitspolitischen Rahmenbedingungen kann man sich die Frage stellen, ob man Menschen erst kurz vor dem Ertrinken aus dem Wasser erretten oder ihnen beibringen will, wie sie bessere Schwimmer werden.

Jeder Mensch verfügt über eine ganz individuelle Fähigkeit „zu schwimmen", die Antonovsky das *Kohärenzgefühl* nennt. Diese Fähigkeit, in den verschiedenen Eigenschaften des Flusses miteingebunden, ergeben sein Modell zur Erklärung von Gesundheit. Demnach versteht er Gesundheit nicht als ein kompaktes, passives Gleichgewicht, sondern als ein labiles, aktives und sich dynamisch regulierendes Geschehen eines gesamten Systems. Ein System befindet sich nie in einer permanent stabilen Ordnung, sondern immer in einer Art von organisiertem Chaos. Es ist jedoch bestrebt, die herrschende Unordnung so zu arrangieren, dass daraus Ordnung resultiert. Da der menschliche Organismus ebenfalls ein System ist, versucht dieses in fortwährenden Kräften, Ordnung und Organisation aufzubauen und zu erhalten. Je mehr Ungleichgewicht im menschlichen System waltet, desto eher leiden und erkranken wir. Je mehr Ordnung und Struktur es aufbauen kann, desto mehr fühlen wir uns gesund und lebendig. Gesundheit muss demnach immer wieder aufgebaut werden.

Das Kohärenzgefühl

Sind die äußeren Lebensbedingungen wie Hunger, Armut, Umweltverschmutzung, hygienische Verhältnisse in einem bestimmten Land oder in einer bestimmten Gesellschaft oftmals dieselben, bestehen dennoch Differenzen im Gesundheitszustand verschiedener Menschen. Antonovsky geht davon aus, dass diese Differenz durch eine individuelle, psychologische Einflussgröße mitbestimmt ist. Er nennt diese Größe das *Kohärenzgefühl* (*Kohärenz*, lat.: Zusammenhang). Das Kohärenzgefühl ist eine Grundhaltung eines jeden Menschen, vorhandene Ressourcen zum Erhalt der eigenen Gesundheit und des Wohlbefindens einzusetzen. Es ist eine Art Ausdruck von Zuversicht, dass die innere und äußere Erfahrungswelt vorhersagbar ist, und eine hohe Wahrscheinlichkeit besteht, dass sich die Angelegenheiten günstig entwickeln. Je ausgeprägter das Kohärenzgefühl eines Menschen ist, desto gesünder ist er oder desto schneller sollte er gesund werden und bleiben.

Es versteht sich von selbst, dass die Grundeinstellung zum Leben ständig mit neuen Lebensereignissen konfrontiert und von diesen beeinflusst wird. Je nachdem wie ausgeprägt die Fähigkeit ist, die Welt als zusammenhängend und sinnvoll zu empfinden, beeinflusst sie wiederum den Umgang mit den Lebenserfahrungen. In der Regel wird darüber Bestätigung der eigenen Grundeinstellung gegenüber erfahren. Dies wirkt sich wiederum auf dessen Stabilität aus. Die Stärke des Kohärenzgefühls ist jedoch völlig unabhängig von den jeweiligen Umständen.

Um ein strapazierfähiges Kohärenzgefühl entwickeln zu können, bedarf es der Ausbildung von drei Fähigkeiten:

Dem Gefühl von Verstehbarkeit: Die Fähigkeit, bekannte und unbekannte Reize als geordnete, in sich zusammenhängende Informationen verarbeiten zu können. Verstehbarkeit bezieht sich hiermit auf ein kognitives Verarbeitungsmuster.

Dem Gefühl von Handhabbarkeit bzw. Bewältigbarkeit: die Fähigkeit eine innere Überzeugung auszubilden, dass Schwierigkeiten lösbar sind. Dies beinhaltet über Vertrauen und einen Glauben zu verfügen, dass auch andere Personen und / oder eine höhere Macht dabei helfen werden, Schwierigkeiten überwinden zu können. Handhabbarkeit bezieht sich auf ein kognitiv-emotionales Verarbeitungsmuster.

Dem Gefühl von Sinnhaftigkeit bzw. Bedeutsamkeit: Das Ausmaß, das Leben als emotional sinnvoll zu empfinden, um sich den Herausforderungen und Problemen im Leben zu stellen, und dabei imstande sein, sich für deren Lösungen einzusetzen. Es ist die Fähigkeit, eine positive Erwartungshaltung dem Leben gegenüber zu entwickeln. Antonovsky sieht in dem Gefühl für Sinnhaftigkeit die wichtigste Voraussetzung zur Ausbildung eines starken Kohärenzgefühls.

Je stärker das Kohärenzgefühl eines Menschen ist, umso flexibler kann er auf Anforderungen reagieren. Er verfügt dann über ein breites Spektrum an Ressourcen, um diese bewältigen zu können. Das Kohärenzgefühl dirigiert quasi über den Einsatz verschiedener Verarbeitungsmuster und nimmt folglich eine übergeordnete Funktion ein.

Unsere Einstellungen und unser Verhalten beeinflussen unsere Gesundheit – Empower yourself!

Antonovsky fand weiterhin heraus, dass wir Menschen Ressourcen entwickeln, die unsere Widerstandsfähigkeit gegenüber Stressoren aller Art erhöhen. Diese Ressourcen korrelieren mit dem Gesundheitszustand einer Person. Sie schließen sowohl körperliche Faktoren, Intelligenz, Bewältigungsstrategien sowie soziale Rahmenbedingungen, finanzielle Möglichkeiten und kulturelle Stabilität mit ein. Und weil sie in allen Situationen wirksam sind, nannte er sie die *generalisierten Widerstandsressourcen*. Sie verhelfen uns, in Belastungssituationen konstruktiv zurrecht zu kommen.

Wer sich demnach aus sich selbst heraus an die eigene Arbeit macht, um z.B. Probleme und Hindernisse, die Leid erzeugen, zu überwinden, verstärkt seine Möglichkeiten, die eigenen generalisierten Widerstandsressourcen zu vervielfältigen, und erfährt auf diesem Weg ein stärkeres Kohärenzgefühl. Eine Steigerung dessen schenkt mehr Sicherheit und Kraft, um das Leben bewältigen zu können. Und was ist die Folge davon? Schlicht und ergreifend Gesundheit, wonach wir alle streben und uns sehnen.

Arbeit an sich selbst bedeutet, in die ureigene Kraft der Selbstverantwortung und der Sorge für sich selbst zu gehen. Je mehr wir uns in diese Erfahrung hineinbegeben, desto weniger fühlen wir uns an etwas und unseren Gefühlen ausgeliefert. Wir stärken damit unsere Kompetenz und unser Selbstbestimmungsrecht über die eigene Gesundheit. Ja, mehr noch, wir ermächtigen uns selbst, diese Entscheidung zu treffen. Das versteht man unter *Empowerment*: Sich selbst ermächtigen und sich befähigt fühlen, gesundheitsfördernde Verhaltensweisen auszubilden. Barbara und ich sind beide der Überzeugung, dass das persönliche Verhalten am meisten zum eigenen Wohlbefinden, und damit zur eigenen Gesundheit, beiträgt.

Wenn wir demgemäß unser Verhalten als Ressource von Gesundheit verstehen, fällt es uns leichter, mit diesem eine Art Gesundheitsprävention praktizieren zu können.

Kleiner Gesundheitscheck

Wenden wir uns nun der Praxis zu, um zu ergründen, wie viel du in deinem derzeitigen Leben für deine Gesundheit unternimmst. Oder besser gesagt, wagen wir einen Blick auf deine persönlichen Ressourcen. Keine Sorge, der kleine Gesundheitscheck ist nur für dich gedacht! Aber eine bildliche Darstellung verhilft oft zu einem größeren Bewusstsein, den eigenen Lebensstil selbstreflektorisch zu betrachten.

Nossrat Peseschkian (Prof. h.c. Dr. med., Facharzt für Neurologie, Psychiatrie, Psychotherapie und Psychotherapeutische Medizin; Begründer der Positiven und Transkulturellen Psychotherapie) beschreibt Gesundheit als Gleichgewicht zwischen den vier Lebensbereichen: Körper/Sinne, Arbeit/Leistung, Kontakt/ Familie und Fantasie/Intuition. Krankheit ist demnach ein Ausdruck von Störung in diesem Gleichgewicht. Das bedeutet ein Vorkommen von weit mehr an unerkannten oder nicht gesellschaftsgenormten „Krankheitsformen", als wir sie wohl je erkennen und erfassen werden. Anhand seines Balancemodells kannst du feststellen, wie es um dein Gleichgewicht der vier Lebensbereiche bestellt ist. So sieht das Modell aus, wenn alle Lebensbereiche aus- und erfüllt gelebt werden (Abbildung 1).

Und jetzt zeichne für dich auf der folgenden Skizze (Abbildung 2) der vier Skalen jeweils einen Punkt ein, der etwas über deine zeitliche Aufwendung von Aktivitäten in den unterschiedlichen Lebensbereichen besagt. Der Nullpunkt in der Mitte bedeutet „keine Zeit an Aktivität dafür aufgewendet", die Zahl 10 bedeutet „höchst mögliche Zeit an Aktivität dafür aufgewendet".

Stelle dir dabei die Frage, wie viel Zeit und Aktivitäten du z.B. deinem Körper widmest. Wie viel Bewegung gedeihst du ihm an? Wie viel Frischluft gönnst du ihm? Schläfst du genügend? Wie ernährst du dich und wie viel Zeit nimmst du dir für die Mahlzeiten? Wie viel Zeit an Körperpflege schenkst du dir? usw. All dies berücksichtige bitte, wenn du deinen heutigen Standpunkt bestimmst.

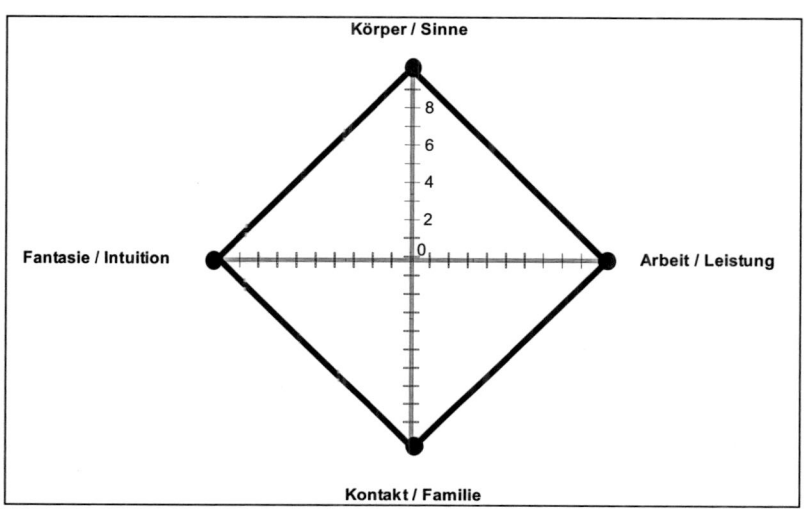

Abbildung 1: Balancemodell nach N.Peseschkian

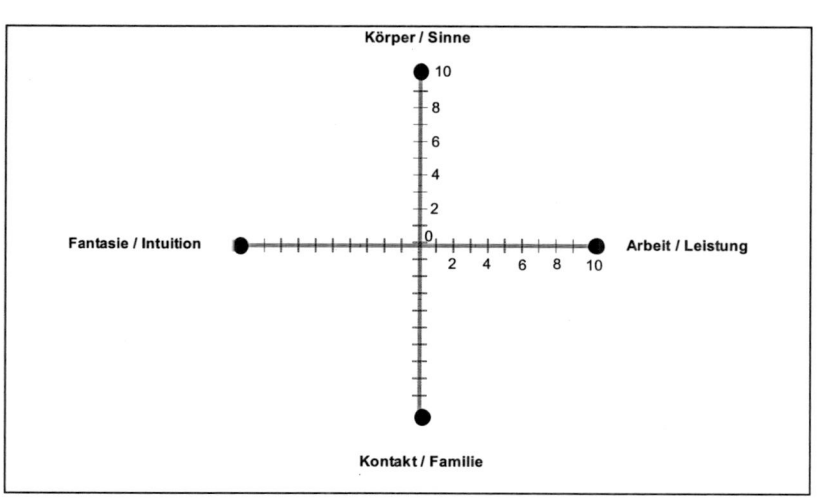

Abbildung 2: Eigenene Bewertungsskala

Bei Fantasie/Intuition fließen z.B. folgende Gedanken mit ein: Wie viel Zeit ergreifst du für psychische Prozesse? Wie verarbeitest du Konflikte? Denkst du über den Sinn des Lebens nach oder generell über Sinnhaftigkeit über das, was du tust? Was unternimmst du, um dich zu entspannen, um einfach einmal nichts zu tun, um die Seele baumeln zu lassen? Nimmst du dir Zeit, um Entspannungsübungen zu zelebrieren? Kannst du dir vorstellen, wie du in zehn Jahren sein willst und malst du dir oft neue Situationen aus? Normalerweise sind wir in unserem täglichen Leben ständig auf Achse und auf Hochtouren. Nur in wenigen Momenten verhalten wir uns still und kehren in uns ein. Um einen Ausgleich für Leistung zu schaffen, brauchen wir Zeit für Rückzugsphasen und Prozessbewältigung

Die Skala Leistung, die auch die Vernunft und das Denken beinhaltet, entspricht dem genauen Gegenteil. Hier stellen wir uns die Fragen: Wie viel Zeit im Leben bekommen mein Beruf, meine Arbeit, mein Engagement, meine Pflichten, meine Funktionen, meine Rollen, meine Verantwortungen, meine Bildung usw.

Natürlich darf auch der Bereich der sozialen Kontakte nicht fehlen. Kläre für dich, wie viel Zeit du der Pflege deiner Beziehung / Partnerschaft und deiner Freundschaften widmest. Ermöglichst du dir Raum für Begegnungen und Austausch, der sich hier nicht nur auf die berufliche Ebene bezieht? Wie viel Zeit verbringst du mit deiner Familie (eigene und/oder Herkunftsfamilie) und wie füllst du sie aus?

Wenn du alle vier Standpunkte auf den Skalen eingezeichnet hast, dann verbinde sie miteinander, damit du ein Viereck erhältst. Beurteile nun selbst, wie groß oder klein deine zeitlichen Aktivitäten in den vier Lebensbereichen derzeit sind. Gibt es einen oder zwei Bereiche, denen du besonders viel Zeit und Aufmerksamkeit schenkst? Vernachlässigst du einen Bereich, und wieso? Hier kannst du noch mehr Ressourcen entwickeln. Lebst du einen Bereich sehr extrem, dann könnte es für dich ein Warnsignal sein.

Je unausgewogener dein Viereck ist, desto weniger bist du mit dir im Gleichgewicht. Wenn es ein großes Quadrat ergibt (Skalen von 8 bis 10), ohne das Gefühl zu haben, ständig am Anschlag und an deinen Grenzen zu sein, dann kann ich dich nur zu deiner Lebensbalance beglückwünschen! Trotzdem wirst du wissen, dass dies kein Status Quo ist, sondern, dass du die Balance und somit deine Gesundheit ständig mit Lebendigkeit pflegen darfst.

Um Kohärenzgefühl, oder einfacher, Wohlbefinden zu mobilisieren, benötigen wir einen ausgeglichenen und erfüllten Seinszustand der vier Lebensbereiche. Es gibt demnach vier Grundbereiche, die in unserem Leben Störungen und Leiden verursachen können, vor allem, wenn wir sie zuwenig oder zuviel beachten.

Der systemische Ansatz: Die Einheit in der Ganzheitlichkeit erkennen

Ich bin mir sicher, dass wir alle die Erfahrung im Leben gemacht haben, dass es Bereiche gibt, die aus einem Nichterleben oder einer Störung heraus, auf die Teile des Lebens Auswirkungen hatten, die bisher mit Wohlbefinden verliefen. Erkranken wir z.B. auf der körperlichen Ebene, so wird dies mit Sicherheit unser Arbeitsleben oder die Versorgung der Kinder betreffen. Heiraten wir unseren Partner, so sind wir spätestens jetzt mit den Traditionen der Familie des Ehepartners, bzw. werden mit den Erwartungen des angeheirateten Umfelds konfrontiert, was somit eine neue Aussteuerung an unser bisheriges Leben mit sich bringt.

Obwohl derartige „Banalitäten" unser Leben nicht gleich in Frage stellen und außer Kraft setzen, können permanente „Unruhestifter" eine andauernde Unausgeglichenheit in unserem „System" bewirken. Was ich damit zum Ausdruck bringen möchte, ist, dass sich dir hiermit die Einsicht zu einer bewussten Wahrnehmung der eigenen multiplen „Banalitätenschau" offenbart. Wenn du erkennst, in welchen Bereichen deines Lebens und/oder deines Empfindens neue Aussteuerungen erforderlich werden, um dich als Einheit zu empfinden, dann kann es im ersten Moment sein, dass du keine neuen Möglichkeiten vor Augen hast, wie du etwas an dir verändern oder erneuern kannst. Meistens bleiben diese Baustellen dann ungelöst. Der „Trick" eines Systems besteht allerdings darin, dass wir immer an einem Teil von uns arbeiten können, von dem wir das Gefühl haben oder der Meinung sind, dass wir hier zu einer Entwicklung imstande und/oder bereit dazu sind. Wenn sich durch diesen Teil eine Veränderung einstellt, dann bewirkt diese Veränderung multiple Transformationen auf allen Ebenen eines Systems. Denn ein System steuert sich immer wieder von Neuem aus.

In einem System kann jederzeit und an jedem Teil „eingegriffen" werden, auch wenn es nicht der eigentlich wunde Punkt sein sollte. Das Phänomenale an der systemischen Arbeit liegt darin, dass wir an einem Teil arbeiten können, der uns momentan zur Verfügung steht, obwohl ein anderer Teil von unserem Problem oder Leid betroffen ist. Wir erreichen den Teil, der von einem Problem betroffen ist, quasi über einen anderen Teil, der uns diese Ressourcen dafür bietet und bewegen den betroffenen Teil dadurch mit. Oder sagen wir es simpler: er wird dadurch ins Schwingen versetzt.

Sehen wir uns doch mal an, welche elementaren Teile in unserem Leben vorhanden sein müssen bzw. eine große Rolle spielen, damit wir uns ganz und gesund fühlen können. (Gesundheit ist, wie ich hoffentlich bereits darstellen konnte, ein individuell empfundener Zustand!)

- Körperliche und konstitutionelle Ressourcen (z.B. Ernährung, Bewegung)
- Personale und psychische Ressourcen (z.B. Bildung, Erziehung)
- Interpersonale Ressourcen (z.B. Familie, intakter Freundeskreis)
- Soziokulturelle Ressourcen (z.B. Religion)
- Materielle Ressourcen (z.B. Geld, Besitz)
- Gesellschaftliche Ressourcen (z.B. Beruf, Ausübung einer Tätigkeit, ehrenamtliches Engagement)

Die generalisierten Widerstandsressourcen im Blickfeld eines weiteren Systems

In der nachfolgenden Abbildung befindet sich ein Kreis, der in vier Quadranten unterteilt ist. Ein Kreis steht immer für etwas Ganzes und Vollkommenes. Die Zahl Vier weist auf Stabilität hin, denn um etwas aufzubauen, benötigen wir ein stabiles Grundgerüst. Auf einer Linie könnten wir z.b. kein Haus errichten, auf einer dreieckigen Grundlage zwar schon eher, aber erst durch die rechteckige Struktur ist die Voraussetzung für ein solides Fundament geschaffen.

Ich habe jedem der Quadranten einen elementaren Lebensbereich zugeordnet. Betrachte bitte zunächst in Ruhe die Grafik.

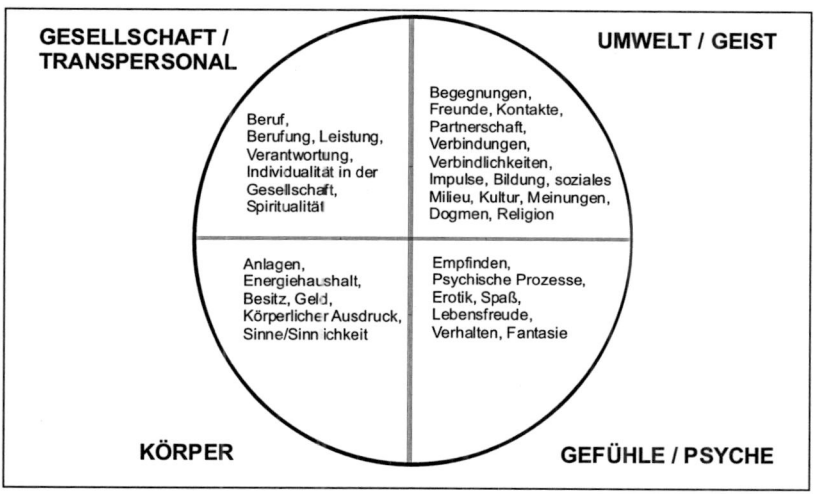

Abbildung 3: Die vier Lebensbereiche als Quadrantenmodell

Dann blicke bitte jetzt nochmals auf das Modell der vier Qualitäten des Lebens von Nossrat Peseschkian.

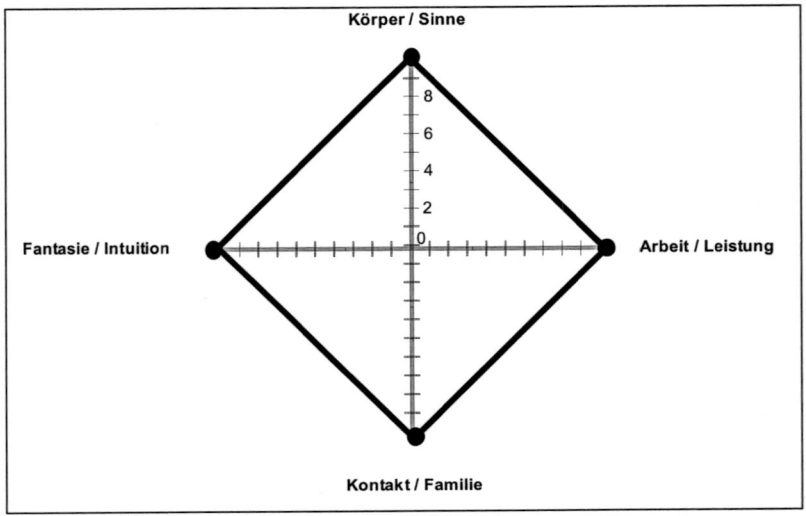

Abbildung 4: Balancemodell nach N.Peseschkian

Vergleiche nun beide Darstellungen. Es gibt Unterschiede in der Darstellung, aber prinzipiell ist es dasselbe geblieben. Der Kreis mit den vier Quadranten entspricht dem Grundgerüst eines astrologischen Horoskops!

Astrologische Möglichkeiten, die eigenen Ressourcen zu erkennen und zu mobilisieren

Auch wenn es jetzt für den ein oder anderen fantastisch klingen mag, so ist die Astrologie für mich eine Möglichkeit geworden, um relativ schnell Erkenntnisse über die Ressourcen eines Menschen zu gewinnen. Oftmals weiß man es selbst nicht, über welche Ressourcen man in einer verzwickten Situation verfügt, weil man im eigenen Leid schon zu sehr verhangen ist. Oder man handelt nach bekannten Taktiken, auch wenn sie nicht zur Lösung führen sollten. Um neue Strategien zu entwickeln, ist es zunächst sehr wichtig, die bisherigen Taktiken zu würdigen und sich zu überlegen, wozu es bis jetzt gut war.

In der Systemischen Astrologie gehen wir davon aus, dass die vermeintlichen Probleme die Lösungen bereits in sich tragen. Wir können also sowohl an einer Ressource arbeiten, die mit dem ursprünglichen Thema nicht unmittelbar in Verbindung zu stehen scheint (systemisch gesehen steht sie in Verbindung, aber die Ressource kann getrennt vom Problem gelebt werden), sowie das eigentliche Problem in eine Lösung umwandeln. Das Wort „Problem" wandle ich zunächst in den Begriff „Aufgabe" um. Sich einer Aufgabe zu stellen, impliziert, dass die Aufgabe lösbar und machbar ist.

Das individuelle Horoskop entspricht dem Potenzial eines Menschen, sich selbst zu verwirklichen. Es kann uns daher eine große Unterstützung und eine Erweiterung in Beratungsfeldern sein, um eine Form von Selbsthilfe anzubieten, die auf konstruktive Weise Ressourcen und somit Gesundheit mobilisiert.

Ich empfinde das Horoskop als eine Lebensgrundlage oder Matrix, die eine Art Schlüssel unserer generalisierten Widerstandsressourcen darstellt, damit wir uns selbst befähigen können, Leid zu lindern, Gesundheit herzustellen und eine höhere Version von uns selbst zu erschaffen. Das bedeutet im Grunde, sich selbst zu verwirklichen. Aus einer derartigen individuellen Selbstverwirklichung wird die Brücke zum Gesamtsystem Menschheit geschlagen. Jeder Einzelne trägt demnach mit seinem Verhalten bei, eine höhere Version unserer Gesellschaft hervorzubringen.

Coaching mit NLP-Elementen

Barbara Schütze

Wozu brauche ich einen Coach? Die Intention, sich einen Coach zu suchen, ist oft die Tatsache, dass sich die eigenen Wünsche, Bedürfnisse und Erkenntnisse nicht in der gelebten Realität umsetzen lassen.

Im Coaching helfe ich Menschen herauszufinden, wie sich ihr Verhalten auf ihre Umwelt auswirkt und wie die Umwelt das eigene Verhalten beeinflusst. Es geht immer darum, eine Bestandsaufnahme der gegenwärtigen Situation/Themas zu machen, um dann herauszuarbeiten, wo es stattdessen hingehen soll. Ich lehre Menschen „ungünstiges" Verhalten gegebenenfalls zu verändern, und somit erfolgreicher und gesünder durchs Leben zu gehen. Begleitet von mir, ob im Einzelcoaching oder im Seminar, kann sich deine Lebensqualität innerhalb kürzester Zeit um 100% verbessern. Neugierig geworden? Dann lies dieses Buch weiter und lass mich ein Stück deines Weges mit dir gehen.

In meinem Coaching verwende ich verschiedenste Techniken, wie z.B. systemische Fragen, Elemente aus dem NLP und aus der Gestalttherapie, der Gesprächstherapie sowie Entspannungstechniken und Rollenspiele.

Die Methode, die mich am Nachhaltigsten begeistert, ist das NLP. NLP ist lösungs- und zielorientiert; hilft zu schnellen Veränderungen und unterstützt dann den Prozess, diese auch dauerhaft im Alltag leben zu können. NLP ist ein Instrument, das viele Methoden und Werkzeuge umfasst. Es hilft gezielt herauszufinden, welche inneren Prozesse uns im Alltag unterstützen und welche uns behindern. Personen, Gegenstände Situationen haben an sich erst einmal keine Bedeutung. Wir geben den Menschen und Dingen erst durch unsere Bewertung und Beurteilung die Bedeutung, die wir aus unserer Erfahrung heraus gemacht haben. Hierbei sind wir sehr stark von unseren Emotionen gesteuert, die wiederum bestimmte Gedankenprozesse und Überzeugungen prägen, die in Folge darüber bestimmen, in welche Schublade der jeweilige Mensch oder der Gegenstand oder eine Situation eingeordnet wird. NLP untersucht diese subjektiven Erfahrungen und stellt verschiedene Werkzeuge zur Verfügung, um gezielt Veränderungsprozesse gestalten zu können.

Der Begriff NLP:

N steht für Neuro = wie wir denken.

L steht für Linguistisch = unsere Art, Sprache zu verwenden und welche Auswirkungen Sprache auf uns hat.

P steht für Programmieren = automatisierte und nicht automatisierte Handlungsabläufe.

Das heißt nichts anderes, als dass wir über unsere fünf Sinne Informationen aufnehmen und speichern. Wir sehen (**V**isuelle Repräsentation), wir hören (**A**uditive Repräsentation), wir fühlen (**K**inästhetische Repräsentation), wir riechen (**O**lfaktorische Repräsentation) und wir schmecken (**G**ustatorische Repräsentation). Kurz ausgedrückt **VAKOG**. Auf diese Art prägen sich bestimmte Verhaltensmuster und Überzeugungen in uns, sogenannte Programme oder Handlungsabläufe. Manche dieser Programme unterstützen uns und andere hindern uns daran, so zu sein, wie wir sein wollen oder könnten. Diese einstudierten Muster laufen automatisch ab. NLP zeigt Übungen und Methoden auf, um unerwünschte, automatisierte Verhaltensmuster zu unterbrechen, und schafft Zugang zu dem positiven Potenzial, das in uns schlummert. Sprache ist das Medium des Menschen, um sich verbal mitteilen zu können. Mit Hilfe von NLP-Techniken können sprachliche Muster aufgezeigt und verändert oder erweitert werden. Jeder Mensch hat ein oder mehr Repräsentationssysteme zur Verfügung. Die einen nehmen Situationen visuell auf, andere auditiv und wieder andere sind Kinästheten. Dementsprechend unterschiedlich sind auch die sprachlichen Ausdrucksformen dieser Menschen. NLP untersucht Sprache sehr detailliert und hilft auf diesem Wege den Menschen, um sich verständlicher ausdrücken und andere Menschen besser verstehen zu können.

Die Anwendung der Methoden des NLP führt zu persönlicher Entwicklung und Erweiterung dessen, was ein Mensch sein kann.

Im NLP gibt es vier wichtige Vorannahmen:

1. Jede/r gibt zum jeweiligen Zeitpunkt immer das Beste. Diese Prämisse führt zu Verständnis, Toleranz, Loslassen und Verzeihen.

2. Jedes Verhalten hat eine positive Absicht. Hinter einem unerwünschten Verhalten steht immer eine positive Lernerfahrung, ein Sekundäreffekt. Unser Unterbewusstsein versucht uns über bestimmte Verhaltensweisen zu diesen positiven Sekundäreffekten hinzuführen.

3. Es gibt in jeder Situation mindestens drei Wahlmöglichkeiten. Je mehr Wahlmöglichkeiten wir haben, umso freier können wir sein. Dieser Gedanke ist ein gutes Hilfsmittel, um aus der Opferrolle herauszukommen.

4. Alle Ressourcen, die wir brauchen, liegen wie Schätze in uns selbst. Wir haben alle Fähigkeiten in uns. Oft sind sie nur verdeckt und wir haben sie nicht zu dem Zeitpunkt zur Verfügung, zu dem wir sie bräuchten. Diese Vorannahme führt von Abhängigkeiten zu eigenverantwortlichem Denken und Handeln.

Mir ist es ein besonderes Anliegen, NLP in ein positives Licht zu rücken. Die Form, die ich lebe und liebe und in meinen Seminaren auch lehre, läuft unter dem Motto „weiterentwickeltes-ganzheitliches-ethisch fundiertes" NLP.

Es geht nicht darum, mit ein paar Techniken zu manipulieren oder jemanden über den Tisch zu ziehen. Vielmehr geht es darum, wie oben schon erwähnt, ein gesunder, eigenverantwortlich denkender und handelnder Mensch zu werden, dem seine Umwelt und die Befindlichkeit seiner Umgebung wichtig ist. Das wiederum ist nur möglich, wenn ich mich bei mir selbst auskenne, ehrlich mir selbst gegenüber bin, und es schaffe, aus der Schuldzuweisungsfalle auszusteigen. Schuldzuweisungen und negative Vergleiche sind meiner Meinung nach die größten Stolpersteine auf dem Weg zu Zufriedenheit und einem erfüllten Leben.

Was passiert mit mir, wenn ich nicht länger die anderen für mein Wohlergehen verantwortlich mache, sondern mich selbst? Was geschieht, wenn ich mir meine eigene Rolle in dem Stück, das „Mein Leben" heißt, näher betrachte, und mir bewusst werde, dass ich genau dieses Leben gewählt habe? Auch wenn man das provokant findet, ich behaupte, dass jeder seine Erfahrungen im Leben selbst wählt. Jeder schafft sich seine eigene Realität und Wahrnehmung. Wenn drei Personen über ein und dieselbe Situation berichten, dann bekomme ich drei verschiedene Darstellungen der Realität. Was ist dann eigentlich die „wirkliche" Realität? Erfinde ich alles? Lügen die anderen oder gar ich? Nein, natürlich nicht, jeder Mensch hat aufgrund seiner Werte und Überzeugungen einen Realitätswahrnehmungsfilter. Jeder hat mit seiner Wahrnehmung Recht, und doch brauchen wir einen Übersetzungsmodus, der uns erlaubt, andere Wahrnehmungen verstehen und damit umgehen zu können.

Leider ist es so, dass uns unser jeweiliger Wahrnehmungsfilter nicht rechts oder links schauen lässt. Gott sei Dank ist es aber auch so, denn sonst könnten wir alle Wahrnehmungen ungefiltert aufnehmen und würden wahrscheinlich von den unzähligen Reizüberflutungen wahnsinnig werden. Wir brauchen eine eigene innere Struktur unserer Wahrnehmungen. Wir sind also herausgefordert, uns in unserem eigenen System auszukennen, und gleichzeitig sollten wir die Fähigkeit haben, andere Systeme mit ihren Meinungen zu verstehen und zu akzeptieren.

Und damit kommen wir schon zum *systemischen Ansatz im NLP*:

System kommt aus dem Griechischen und heißt „Gebilde, Zusammengestellte, Verbundene". Das bedeutet, dass wesentliche Elemente/Teile so aufeinander bezogen und in einer Wechselwirkung zueinander sind, dass sie als aufgaben-, sinn- oder zweckgebundene Einheit angesehen werden können. Dadurch grenzen sie sich von ihrer umgebenden Umwelt ab. Systeme organisieren und erhalten sich durch Strukturen. Es sind die Beziehungsgeflechte, die ein System aufrechterhalten und zum Erfolg oder Misserfolg innerhalb eines bestimmten Systems beitragen.

Wenn wir unseren Körper als System wahrnehmen, dann stehen einzelne Organe miteinander in Verbindung, d.h. die Gesundheit jedes einzelnen Organs ist abhängig von der Gesundheit eines anderen. Genauso ist es mit unserem Eingebundensein in verschiedene gesellschaftliche Kontexte. Wir spielen vielleicht verschiedene Rollen, doch Innen und Außen und die Bereiche untereinander stehen miteinander in Wechselwirkung. Das ergibt eine Komplexität, die mich in meinen Coachings immer wieder begeistert. Was doch alles Dank unseres Körpers und unserer Gedanken möglich ist. Erstaunlich!

Wir sind ein Teil des Ganzen. NLP kann eine Lebensform und Lebenslehre sein, wenn man sich dafür öffnet. Es bietet mir selbst seit 20 Jahren Rückhalt und Gesundheit. Dies möchte ich nun ein wenig erklären. Als ich in die NLP-Basisausbildung kam, war ich gesundheitlich sehr angeschlagen. Ich hatte derartige Rückenprobleme, dass ich nur noch mit Spritzen durch den Tag kam. Daraufhin reagierte mein Magen und es bildete sich eine Entzündung in mir aus. Es war ein Teufelskreis an Schmerzen und Behandlungen. Die Ärzte sagten, ich müsse mich eben arrangieren. Ich wusste, dass ich so nicht leben konnte, alle Leichtigkeit und Freude war weg. Ich konnte nicht arbeiten, nicht tanzen, nicht leben. In meiner Ausbildung lernte ich dann erst einmal meine eigenen inneren Strukturen kennen. Ich lernte in der Basisausbildung mit Hilfe der NLP-Übungen viele Dinge zu verändern, die mich daran hinderten, gesund zu sein. Alles ging von meinen Gedanken aus. Ich wurde krank aufgrund meiner Denkmodelle. Ich lernte, liebevoll mit mir selbst zu sein, und in stressigen Situationen, Geduld und Ruhe zu bewahren. Dies war bisher ein Fremdwort in meinem Leben gewesen. Ich lernte mich selbst positiv zu spüren. Ich lernte mit meinen Gefühlen, meinen Gedanken und mit anderen Menschen in Balance zu sein. Meine Beziehung zu meinem Mann verbesserte sich zusehends. In dem Maße, wie es mir selbst besser ging, veränderte sich auch meine berufliche Laufbahn. Ich machte mich als NLP-Lehrtrainerin und Lehrcoach selbständig und bin mit jedem Jahr erfolgreicher geworden. Innere und äußere Fülle, Zufriedenheit und Gesundheit stellten sich ein. Ich bin bis heute meiner Schwester dankbar, dass sie mich mit NLP in Berührung gebracht hat.

Meine NLP-Basisausbildung war ganzheitlich orientiert, das heißt, es gab im Rahmen der Ausbildung viele Elemente aus anderen Kulturen zu erkunden. Wir erlebten einige indianische Techniken, Geschichten aus dem Keltischen und die Natur als große Lehrmeisterin schlechthin.

Die Indianer sagen, wenn ein Mensch erkrankt, ob körperlich oder seelisch, bedeutet das immer, dass er den Bezug zur Natur verloren hat. Diese Philosophie habe ich mit eigenen Techniken und Übungen erweitert, ergänzt und gebe sie auf diese Art in meinen Seminaren weiter.

In meinen Coachings geht es neben den bestimmten Übungen auch immer darum, den Bezug zu unterschiedlichen Systemen wiederherzustellen oder neu zu definieren. So wie wir auch in diesem Buch den Zusammenhang und die nützliche Ergänzung von Astrologie und Coaching aufzeigen.

Ich begleite und schule Menschen seit 15 Jahren und bin mehr denn je fasziniert über die Vielfalt an Möglichkeiten, sich das Leben leicht oder schwer zu machen.

Beachte: Selbstcoaching kann bei tiefsitzenden Problemen und starren Denkmustern nur bis zu einem gewissen Grad durchgeführt werden. Professionelle Hilfe sollte hier in jedem Fall in Anspruch genommen werden. Denn bei jeder erfolgreichen Strategie gelangt man an einen Punkt, an dem es nicht mehr weitergeht und man beginnt sich im Kreis zu drehen. Das ist dann der Moment, in dem ein passender Input von außen notwendig ist, um zum erwünschten Ziel zu gelangen.

Ein Coach ist in der Regel kein Therapeut oder Arzt, außer er verfügt über eine solche Ausbildung. Das bedeutet, für alle Themen, die mit Süchten, körperlichen und psychischen Erkrankungen einhergehen, sollte man sich bitte an fachlich versierte Personen wenden (Ärzte und/oder Psychotherapeuten). Erst dann kann entschieden werden, ob ein Coach zusätzlich für mentale Heilprozesse und andere Lösungsansätze hinzugezogen wird.

Wichtig ist, ein absolutes Vertrauensverhältnis zwischen dem Coach und dem Klienten aufzubauen und beizubehalten.

Wenn dieses Buch in deine Hände gelangt ist, dann hast du eventuell schon damit begonnen, Antworten und Lösungsmöglichkeiten für die Herausforderungen deines Lebens zu suchen. Doch wahrscheinlich ist dir nicht immer bewusst, dass die Lösungen in dir selbst liegen. Der jeweilige Coach ist dein Begleiter auf Zeit und hilft dir, all deine Ressourcen bewusst zu machen und so einzusetzen, dass dein Leben auf vielfältige Art bereichert werden kann. Stelle dir das bitte so vor:

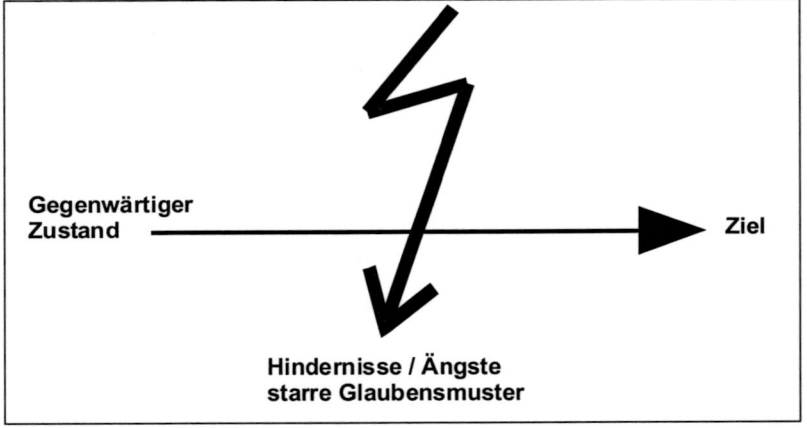

Abbildung 5: Gegenwärtiger Zustand

Oft wollen wir etwas erreichen und kommen doch nicht ans gewünschte Ziel. Wir sehen den Wald vor lauter Bäumen nicht. Nach unserer Erfahrung ist es in solchen Situationen angebracht, das Thema mit einer neutralen Person zu besprechen, vielleicht mit einem Freund, einem Coach, einem Astrologen oder einem Therapeuten, um aus einer anderen Perspektive, die scheinbare Verworrenheit einer Situation zu klären. Wir wollen mit diesem Buch aufzeigen, auf welch vielfältige Art Coachingprozesse möglich sind, und wir laden dich herzlich auf diese Reise zu dir selbst ein.

Im weiteren Verlauf der einzelnen Kapitel zeigen wir viele Übungen und Lösungsansätze auf, die den Umgang mit Herausforderungen, Ängsten und Hindernissen erleichtern können. Wir wünschen uns, dass nach Umsetzung der ausgewählten Übungen über ein größeres Spektrum an Handlungsfähigkeiten verfügt wird, um aktiv den Alltag so gestalten zu können, damit es für den oder die Betroffenen und ihr Umfeld einen gesundheitlichen Vorteil mit sich bringen wird.

Bevor du die Übungen machst, höre dir bitte die beiliegende CD „Reise zur Kraftquelle" an und finde heraus, welche Zauberworte / Submodalitäten dir helfen, in kürzester Zeit aufzutanken. Die CD ist unerlässlich für sämtliche Übungen, die ich dir vorstelle.

Für die Übungen ziehst du dich am besten an einen ruhigen Ort zurück, an dem du ungestört bist. Lies dir die jeweilige Übung erst einmal durch. Wenn du möchtest, sprich dir den Ablauf oder den Text auf Band oder auf einen MP3-Player oder auf dein Handy. So kannst du die Übung besser nachvollziehen. Eine weitere Variante wäre, die Übung mit deiner Partnerin oder deinem Partner auszuführen. Du kannst ungefähr zwischen 20 bis 60 Minuten pro Übung rechnen.

Ein weiterer Tipp aus dem NLP, den ich dir auf deinem Weg mitgeben möchte: Wenn du keine Antwort bei den einzelnen Übungen weißt, dann *„tu so, als ob"* du es wüsstest. Dein Unterbewusstsein und dein Verstand geben dir immer die Antworten und Gedanken, die zum jeweiligen Übungsabschnitt passen. Darauf kannst du vertrauen. *Dein Unterbewusstsein ist dein größter Freund und will immer das Beste für dich!*

Analyse deiner Ist-Situation: Das Lebensrad

Mit Hilfe des Lebensrades (Abbildung 6) kannst du deinen gegenwärtigen Zustand, deine Jetzt-Situation und deine Zufriedenheit in den verschiedenen Lebensbereichen feststellen. Es signalisiert dir schnell, in welchem Bereich Handlungsbedarf besteht.

Zwischen den Speichen des Rades gibt es acht freie Felder, die du ausmalen kannst: Beziehungen, Liebe/Partnerschaft, Gesundheit, Umfeld, Karriere, Finanzen, Spaß/Erholung und Persönliche Entwicklung. Der Mittelpunkt des Rades symbolisiert 0%ige Zufriedenheit, der äußere Kreis 100%ige Zufriedenheit.

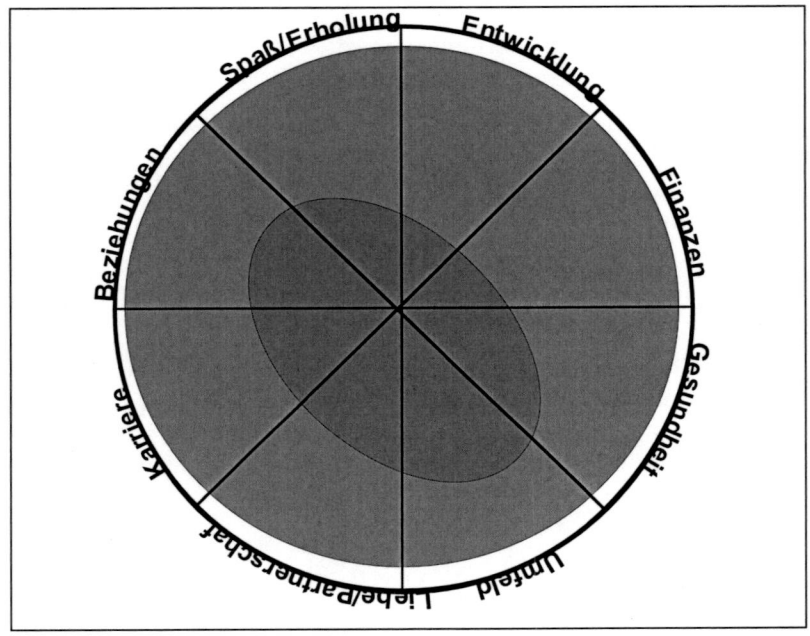

Abbildung 6: Das Lebensrad – ein Beispiel

Male das Rad in Bezug auf deine Zufriedenheit im jeweiligen Bereich von der Mitte aus bunt an. Stell dir nun vor, dein Rad befände sich an dem Auto, mit dem du durch das Leben fährst. Wie gestaltet sich deine Reise? Läuft es rund oder holpert es und schüttelt dich durch?

Zeichne nun noch mit einer anderen Farbe die gewünschte Prozentzahl im jeweiligen Bereich deines Rades ein, die du erreichen willst. Dadurch bekommt dein Unterbewusstsein die Richtungsimpulse, in die sich dein Leben bewegen soll.

Wenn du zum Beispiel einen Bereich deines Lebens veränderst und erweiterst, kannst du gleichzeitig beobachten, wie sich diese Veränderung auf die Zufriedenheit oder Unzufriedenheit in den anderen

Bereichen auswirkt. Und du erkennst recht schnell, wo du gezielt mit Veränderungsprozessen ansetzen kannst. Das Lebensrad ist ein klares und übersichtliches Feedbackinstrument für dich und deinen Coach.

Wenn du dies regelmäßig (alle 1-2 Monate) durchführst, bekommst du ein wertvolles Feedback über deine persönliche Weiterentwicklung.

Das Große Kreuz – das Grundgerüst unseres Lebens

Dagmar Wäscher

Das große Kreuz im Horoskop entsteht durch die zwei Hauptachsen der:

Horizontachse. Sie wird über den Aszendenten und den Deszendenten definiert. Wir können sie auch die Seins- und Lernachse nennen, denn sie bestimmt, was wir auf dieser Welt benötigen, damit wir in ihr (über-) leben können. Obwohl wir zu ihr einen eher passiven Zugang haben, sind wir imstande, sie im Laufe unseres Lebens weiterzuentwickeln. Deswegen ist es wichtig, die Dynamik von Aszendent und Deszendent kennenzulernen.

Meridianachse. Sie zeigt uns das so genannte Imum Coeli und das Medium Coeli an. Sie könnte genauso als die Achse des Werdens bezeichnet werden, denn sie gibt uns Auskunft darüber, was wir in unserem Leben verwirklichen wollen. Auf diese Achse haben wir einen aktiven Zugang. Trotzdem empfinden wir die Umsetzung unseres Werdeprozesses als anstrengend und laufen daher Gefahr, sie gar nicht erst ausleben zu wollen. Tritt dies ein, finden wir uns hauptsächlich auf der Horizontachse wieder, d.h. wir erleben uns vermehrt als Opfer.

Um dies in der Gesamtdynamik besser veranschaulichen zu können, sehen wir uns die vier Eckpfeiler des Lebens einmal genauer an.

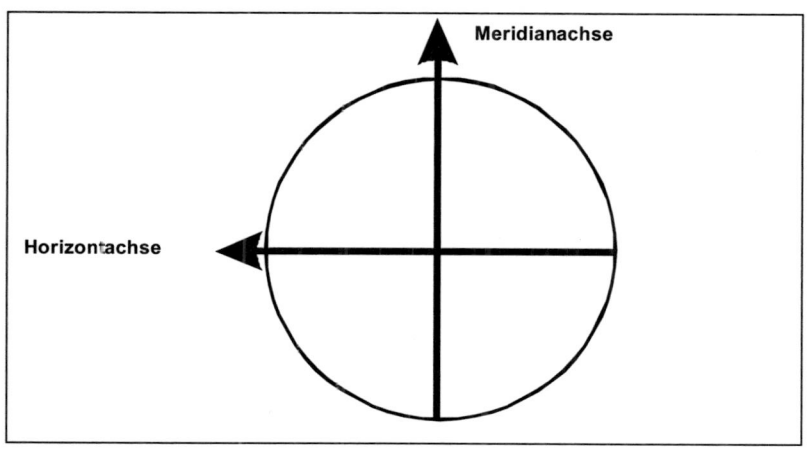

Abbildung 7: Horizontachse und Meridianachse ergeben das Große Kreuz in einer Horoskopgrafik

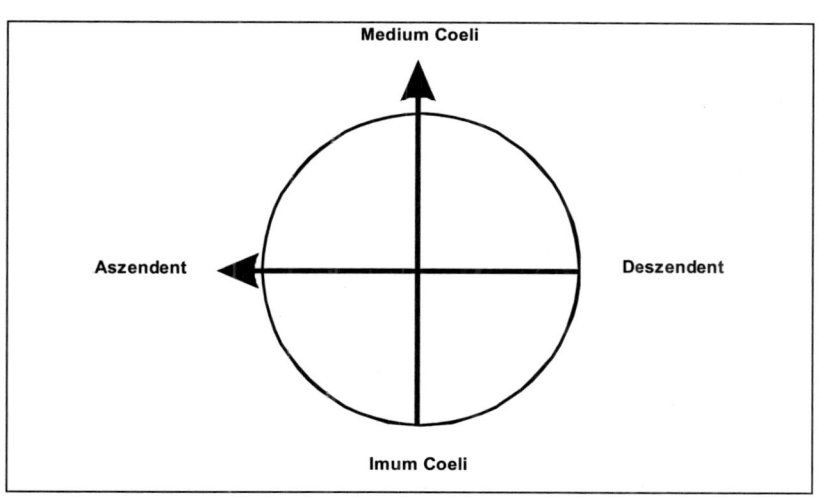

Abbildung 8: Die vier Eckpfeiler - Aszendent, Deszendent, Imum Coeli und Medium Coeli

Der Aszendent

Wenn wir auf diese Welt kommen, erhalten wir zwei wertvolle Geschenke, die uns als persönlicher Schatz immer zur Verfügung stehen. Ein Geschenk davon ist der Aszendent (AC). Man könnte ihn vereinfacht als Energielieferant und als Kraftreservoir bezeichnen. Ohne ihn könnten wir nicht überleben, denn er ist eine Art Automechanismus, der uns anhält, uns im Leben durchzusetzen. So treibt er uns z.B. an, in die Initiative zu gehen, wenn wir ein Hungergefühl verspüren. Wohlgemerkt, er fungiert als Antreiber; eine Handlung geschieht im astrologischen Sinn über die Planeten.

Der Aszendent sagt uns, wie wir auf Reize von außen unmittelbar reagieren. Das könnte bedeuten, dass wir in eine Haltung des Angriffs oder der Verteidigung übergehen, mit der positiven Absicht, uns zu schützen. Hier haben wir demnach alles erhalten, was uns instinktiv zugänglich ist und uns am Leben erhält. Wir setzen uns quasi mittels des Aszendenten für unser Leben ein, und fühlen uns erst dann so richtig lebendig.

Der Deszendent

Es ist kein Geheimnis, dass wir in eine Welt der Dualitäten eintreten, sobald wir geboren werden. In einem vereinfachten Jargon ausgedrückt: Wir sind alles, was wir sind und haben, und sind bereit, dafür zu kämpfen und für uns einzustehen (wie wir dies ausführen, sagt uns der Aszendent). Alles, was uns begegnet, ob Menschen, Landschaften, Häuser, Meinungen, Internet, usw., empfinden wir als etwas, das außerhalb unseres „Ichs" existiert. Alles, was auf uns zukommt und von dem wir umgeben sind, sprich unsere Umwelt, ist uns zunächst einmal fremd, bis wir es in unser Leben integriert haben. Da wir uns der hiesigen Welt nicht entziehen können (außer, wenn wir sterben), müssen wir uns andauernd mit ihr auseinandersetzen. Die Art und Weise, wie wir dies tun, teilt uns der Deszendent (DC) mit.

Aszendent und Deszendent – der eine kann ohne den anderen nicht sein. Um uns lebendig zu fühlen, brauchen wir die Impulse und Reize, die uns aus unserer Umwelt entgegenströmen, denn dann fühlen wir uns gefordert. Aber auch leicht überfordert, wenn uns etwas als eine Bedrohung erscheint. Es könnte z.B. geschehen, dass uns eine Reaktion eines Menschen Angst einflößt. Ob wir eine derartige Situation als Herausforderung annehmen, und uns eine neue (Überlebens-)Strategie überlegen und entwickeln, oder ob wir uns nach einem bekannten (veralteten?) Muster verhalten, das hängt ganz davon ab, wie weit wir schon die Zusammenhänge unseres Reiz-Reaktionsvermögens erfasst haben. Prinzipiell geht es in dieser Dynamik darum, den eigenen Deszendenten zu integrieren, damit wir ein immer größeres Repertoire an Handlungsspielräumen entfalten und leben können.

An der Horizontachse sind wir aufgefordert, unsere Angst vor Veränderung abzulegen. Nur so können wir Neues in unser Leben einlassen. Wenn wir dies über einen längeren Zeitraum nicht zulassen, schwächen wir unseren Aszendenten, und unser Energiepotential versiegt – wir könnten dann eventuell auch krank werden.

Um herauszubekommen, was uns am Leben erhält (Aszendent), können wir uns folgende Fragen stellen: Welche Fähigkeiten besitze ich, um mich am Leben zu erhalten? Wie reagiere ich auf meine Umwelt? Wie reagiere ich aus Angst? Wie integriere ich das Fremde und Erlernte in mein Leben?

Genauso können wir herausfinden, was uns in der Welt als Lernpotential zur Verfügung gestellt wird (Deszendent), wenn wir uns fragen: Was fehlt mir noch zum Leben? Welche Fähigkeiten könnte ich noch entwickeln, um meine Kraft aufrechtzuerhalten und zu stärken? Was macht mir Angst? Was fordert mich heraus?

Das Imum Coeli – die Himmelstiefe im Horoskop

Das Imum Coeli (IC) ist der tiefste Punkt im Horoskop. Es ist der zweite Schatz, den wir für das Leben geschenkt bekommen haben:

unsere Quelle der Geborgenheit und der Vertrautheit. Hier finden wir all das, womit wir uns identifizieren, um uns als Selbst, als etwas Eigenes zu fühlen. An diesem Ort ziehen wir uns zurück, wenn wir uns auf uns selbst beziehen wollen, um z.B. für Klarheit zu sorgen. In dieser Tiefe fühlen wir uns zu Hause, denn hier sind wir bei und an unseren Wurzeln. Und das nicht nur in emotionaler und seelischer Hinsicht, sondern hier finden wir auch unsere familiären Wurzeln und die Orte, an denen wir uns beheimatet fühlen.

Aus dieser Mitte des in sich ruhenden Selbst entstehen unsere Beweggründe und Motivationen. Da wir alle diese eine innere Tiefe in uns haben, bzw. diese Quelle selbst sind, ist es etwas, was wir mit allen anderen Menschen gemeinsam haben. Wir könnten auch sagen, hier erfahren wir unseren Ursprung, hier sind wir ursprünglich.

IC ursprünglich

In dieser Verbundenheit, aber auch, weil wir unserer Umwelt permanent ausgesetzt sind und die meisten Eindrücke unbewusst verarbeiten, kann es geschehen, dass wir aus einer Irritation heraus keinen oder einen schwer wahrnehmbaren Zugang zu unserem Selbst und zu unseren Empfindungen bekommen. Die Folge davon ist, dass wir uns mit den Gefühlen, dem Verhalten usw. der anderen identifizieren. Wir machen uns diese „Vorgaben" zu Eigen und definieren uns über sie. Im Prinzip ist jedoch alles, an das wir glauben (im Sinne von: wer wir glauben zu sein) und womit wir uns als Selbst eine Identität erschaffen, am Imum Coeli zu finden. In moderneren Kontexten gesprochen, erschaffen wir hier unsere Wirklichkeit. Daher finden wir am Imum Coeli auch unsere „unbewussten" Glaubenssätze, d.h. jene Glaubenssätze, die wir meist nicht aus aktiver Überzeugung, Erfahrung oder Entscheidung in uns tragen.

Glaubenssätze beruhen auf subjektiven Annahmen, die wir in unserem tiefsten Inneren fühlen, und zwar so stark, dass wir von ihnen so überzeugt sind, egal ob wir sie als Seelenselbst tatsächlich mit in die Welt gebracht oder ob wir sie uns - bewusst oder unbewusst - irgendwann einmal zu Eigen gemacht haben. Demnach können wir unsere Handlungen in diesem Sinn begreifen: Gefühle sind unsere Intentionen, etwas in die Wege zu leiten (zu handeln). Das bedeutet auch, dass wir an diesem Punkt im Horoskop unsere Fähigkeit finden, eine Wahl zu treffen, und zwar aus uns selbst heraus. Je mehr wir aus uns selbst heraus handeln, desto größer wird unsere Authentizität, desto mehr kommen wir bei uns selbst an.

Das Imum Coeli ist folglich die Basis unseres Lebens; es gibt uns Antwort auf die Frage nach dem Warum und nach unserem Auftrag. Für einige offenbart sich dieser Lebensauftrag schon recht früh, für die meisten jedoch bleibt es eine längere Suche nach dem Sinn und Zweck unseres Erdendaseins.

Wenn wir das Gefühl haben, nicht mehr zu wissen, wer und was wir im Grunde sind, dann können wir uns fragen: Was motiviert mich zu diesem Verhalten oder zu dieser Handlung? Wovon träume ich gerne oder am liebsten? Wie spüre ich in mir, wenn ich kongruent bin und handle? Was gibt mir einen Grund zu leben? Wo fühle ich mich geborgen? Wo und wie erlebe ich ein Gefühl des (Ur-) Vertrauens?

Das Medium Coeli – die Himmelsmitte im Horoskop

Da das Medium Coeli (MC) dem Imum Coeli auf der Meridianachse gegenüberliegt, stellt es praktisch einen erhabenen Punkt im Horoskop dar. So wie wir zu lernen angehalten sind, unseren Deszendenten zu integrieren, so werden wir in unserem Leben des Öfteren vor der Entscheidung stehen, wo wir eigentlich hin wollen und was wir zu sein erstreben. Das Medium Coeli ist der Ort, an dem sich unser Lebensziel und unsere Lebensaufgabe offenbart. Zu ihm gelangen wir nur, wenn wir uns in diese Richtung bewegen, d.h. zu dem Menschen zu werden, zu dem wir berufen sind. Deswegen finden wir hier unseren Sinn im Leben und unsere Berufung. Es versteht sich von selbst, dass wir nicht alle zum Selben berufen sein können, da wir alle einen einzigartigen Teil zum großen Ganzen beitragen. Das bedeutet, dass das Medium Coeli den Ort in uns anzeigt, an dem wir uns am meisten von allen anderen unterscheiden.

Da dieser Ort bestimmte Leistungen von uns erfordert, die wir uns selbst nicht auferlegen wollen, übernehmen diese Funktionen in der passiveren Form zuerst die Eltern, dann z.B. die Lehrer und später schließlich die Gesellschaft und/oder der Staat. (Natürlich sind wir auch in der aktiveren Form in einem gesellschaftlichen System eingebettet, aber wir fungieren darin selbstbestimmter. In der passiveren Variante erleben wir uns eher als fremdbestimmt.) Erst wenn wir bereit sind, selbst Verantwortung für unser Leben zu übernehmen, werden wir auch bereit sein, Leistungen und Verpflichtungen uns selbst und den anderen gegenüber zu erfüllen. Nur so können wir unseren Zielen gerecht werden.

Wenn wir in unserem Leben an einen Punkt kommen sollten, wo wir keinen Sinn in etwas sehen oder uns alles sinnlos erscheint, wenn wir unsere Orientierung verloren haben, dann können wir uns fragen: wofür bin ich verantwortlich? Wie erlebe ich mich in meiner Verantwortung?

Welche Bedeutungen haben die Bestrebungen in meinem Leben? Welchen Sinn kann ich meinem Leben geben? Von wem oder was bin ich bestimmt? Zu welchen Dingen fühle ich mich berufen und was hält mich davon ab?

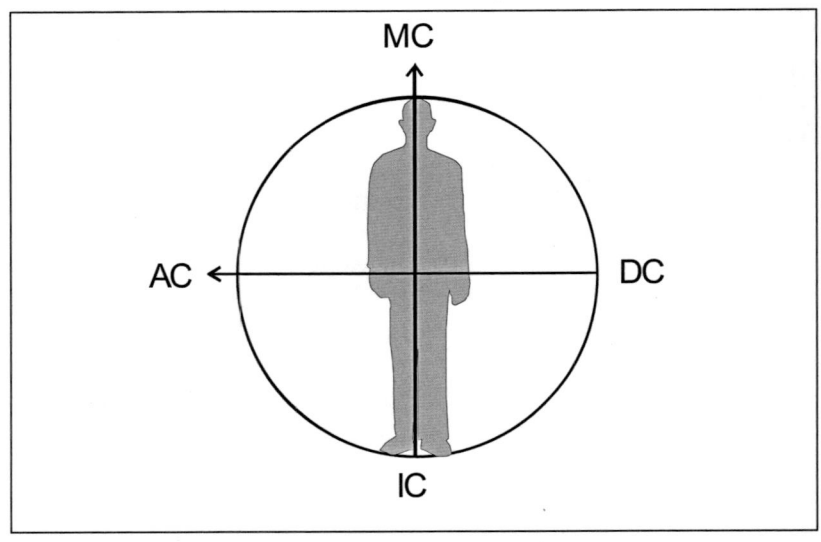

Abbildung 9: Abbildung 8: Horoskopmodell mit Mensch

Erläuterung zum IC im Modell: Unsere Füße berühren als einziger Körperteil immerwährend die Erde, wenn wir uns aufrecht fortbewegen. Hier fühlen wir uns geerdet, weil wir uns im ständigen Kontakt zu dem Boden unter unseren Füßen befinden. Symbolisch ist die Erde unser Fundament, auf der wir unser Leben erbauen. An diesem Punkt schlagen wir Wurzeln und/oder fühlen uns verwurzelt. Hier sind wir zuallererst Kind, aber wir wachsen zu unserer vollen körperlichen Größe empor. Die wichtigsten Entscheidungen treffen wir aus unserer Tiefe, unserem Selbst heraus.

Erläuterung zum MC im Modell: Noch bevor wir physisch ausgewachsen sind, streben wir geistig und spirituell in die Höhe. Egal ob als Kind oder als Erwachsener: wir wollen über den Horizont sehen! An diesem Punkt „stehen wir Kopf", denn er übernimmt die Führung, um unsere Ziele vor Augen zu haben und diese anvisieren zu können. Mit unseren geistigen Flügeln erheben wir uns in die Lüfte. Hier sind wir immer so groß, wie wir uns den Raum nehmen, es sein zu dürfen. An dieser Stelle beginnt der Sog, über uns hinauswachsen zu wollen.

Erläuterung zur AC/DC-Achse im Modell: Auf dieser Ebene befinden sich unsere Hände. Sie sprechen in unmittelbarer Weise für uns. Mit ihnen wehren wir uns und setzen auch Zeichen, um unsere Reaktionen zu unterstreichen. Sie haben in diesem Sinn eine trennende Funktion, aber wie alles in der Welt der Dualität sind sie genauso unsere Verbindung zur Welt. Wir reichen uns die Hände und erfühlen uns damit die Welt.

Dane Rudhyar, der Begründer der humanistischen Astrologie, hat ein überaus wundervolles Bild der IC/MC-Achse entworfen, das mir für meine Darstellung eine große Inspiration war. Er sagt, wenn alle Menschen aufrecht auf der Erdoberfläche stünden, dann würden sich alle Rückgrate mittels abwärts verlängerten Linien im Zentrum der Erde treffen. Wenn alle Menschen nach oben in den Himmel blicken würden, sähe jeder Mensch einen anderen Stern. *„Die gemeinschaftliche Menschlichkeit des Menschen wird in den Tiefen erfahren; es sind seine Kopffunktionen, die differenzieren und trennen."* (Rudhyar, Dane, Das astrologische Häusersystem, München 1984, Seite 84.)

Das Große Kreuz in der Synthese

Jetzt kann man womöglich besser begreifen, dass ich das Große Kreuz als die vier Eckpfeiler des Lebens bezeichnet habe. Das Große Kreuz ist unser Fundament, auf dem wir beständig aufbauen - ohne dieses würde das Leben instabil werden und in sich zusammenfallen. D.h. es ist grundelementar und verlangt nach Erfüllung! Daher geben die vier Eckpfeiler die ersten Impulse für die Inhalte vor, wie sie oben beschrieben sind.

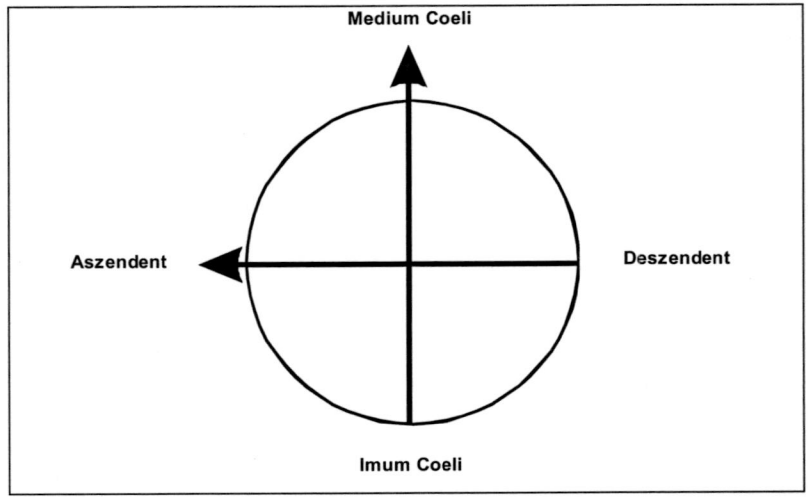

Abbildung 10: Die beiden Hauptenergierichtungen in einer Horoskopgrafik

Betrachten wir uns noch einmal die Skizze des Kreuzes in der Horoskopgrafik. Generell wird die Energierichtung in den Achsen so dargestellt wie in Abbildung 10 zu sehen

Diese Energierichtungen sollen nur symbolisch den Antrieb auf den beiden Achsen darstellen. Eine weitere Überlegung wäre, die Pfeilrichtungen wie auf den folgenden Abbildungen einzuzeichnen. Einmal so, dass die Pfeile voneinander wegzeigen, und eine andere Möglichkeit wäre, sich die Pfeile aufeinander zu bewegen zu lassen.

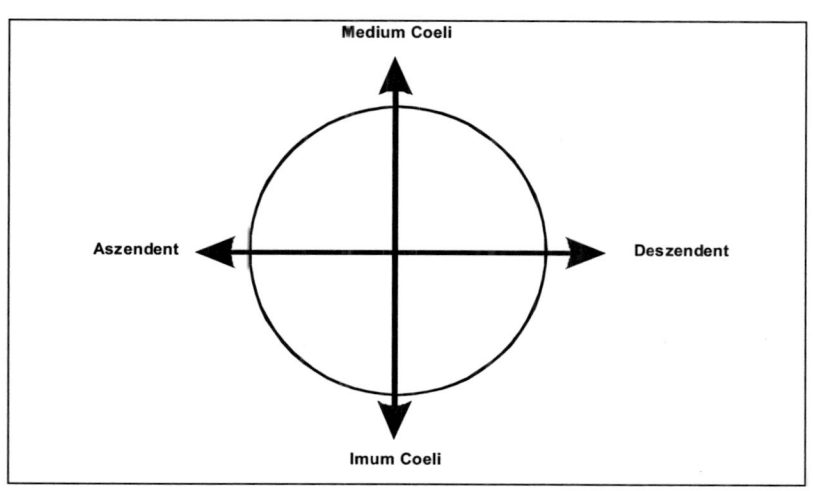

Abbildung 11. Energiefluss aus dem Zentrum

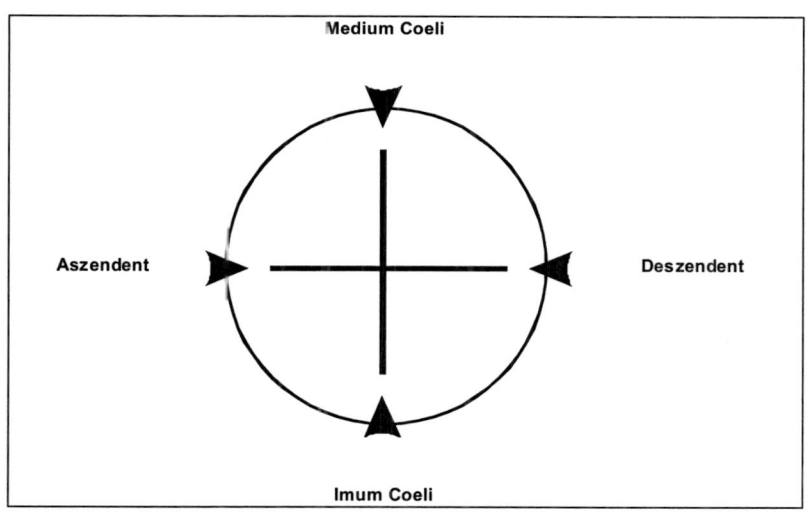

Abbildung 12: Energiefluss in die Mitte des Zentrums

In der ersten Variante (Abbildung 11) würde sich die Energie aus der Mitte heraus fortbewegen. Ich könnte mir vorstellen, dass dies am ehesten einem Gefühl der Zerrissenheit entspräche, weil die verschiedenen Energien in eine jeweils andere Richtung tendieren. Da die vier Grundfesten völlig andere Ziele haben, scheinen sie auf den ersten Blick unvereinbar zu sein.

In der zweiten Version (Abbildung 12) bündeln sich die Energien in der Mitte. Hier erleben wir uns in unserer Vollständigkeit. Aber um dies zu erreichen, begeben wir uns in einem beständigen Rhythmus von Trennung (nach außen fließende Richtung) und Verbindung (nach innen fließende Richtung) der vier Grundenergien. Das Trennende spielt immer dann eine wichtige Rolle, wenn wir uns von etwas distanzieren oder es loslassen möchten. Das Verbindende ist bedeutsam, wenn wir bestrebt sind, alle inneren Teile zu integrieren und zusammenzuhalten.

In diesem Wechselspiel verläuft unser Fluss des Lebens.

Systemische Zusammenhänge im Coaching

Barbara Schütze

Wir in uns selbst – das bedeutet, unser innerer Zustand ist abhängig von unseren Denkprozessen und unserer Physiologie. Diese beiden Systeme stehen in direktem Zusammenhang. Wenn du demnach aufrecht gehst, dann hast du dadurch Zugang zu bestimmten Denkprozessen. Wenn du gebückt gehst, dann werden andere Denkprozesse aktiviert. Und umgekehrt ist es genauso zutreffend: Das, was du denkst, wird sofort übersetzt in körperliche Befindlichkeiten und zeigt sich in deiner Haltung wie Gestik, Mimik und in deiner Art zu sprechen wieder. Wenn beide Systeme in ihrem Ausdruck nicht übereinstimmen, bist du nicht kongruent, nicht stimmig. Deine Worte decken sich nicht mit deinen Handlungen.

Deine Überzeugungen und Werte übernehmen die Funktion deines Wahrnehmungsfilters. Du filterst aus der Masse an Informationen das heraus, das deinen Werten und Überzeugungen entsprechend mit deinem System übereinstimmt. Somit nimmst du die Welt durch deine ganz persönliche Brille wahr. Doch die Wahrnehmung ist nicht übereinstimmend mit der Wirklichkeit. Mit deiner Wahrnehmung demonstrierst du im Außen ein bestimmtes Verhalten. Und mit diesem Verhalten erzielst du in deiner Umwelt Erfolg oder Misserfolg. Dein eigenes Verhalten steht also in direktem Zusammenhang mit dem Verhalten deiner Umwelt. Daraus ist zu schließen: wenn du dein Verhalten veränderst, verändert sich das Verhalten deiner Umwelt automatisch mit.

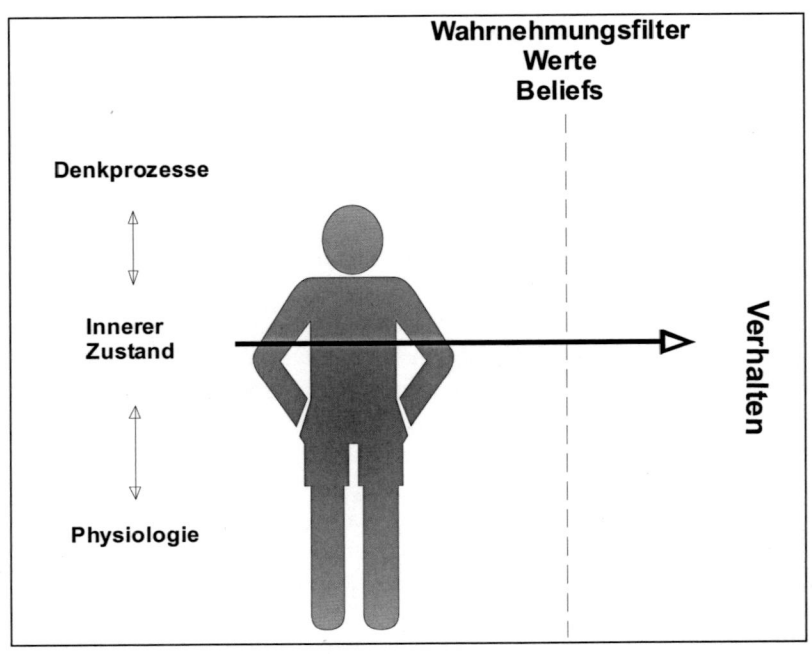

Abbildung 13: Das Neuro-Assoziationsmodell

Bedenke jedoch, wenn du jetzt nur dein Verhalten veränderst, kann dies eine Zeit lang gut gehen. Sobald aber die dem ursprünglichen Verhalten zugrundeliegenden Überzeugungen und inneren Werte wieder aktiv werden, verhält es sich wie bei einem Bumerang. Das alte Verhalten kehrt zurück und du bist nicht länger der/die Lenker/in deines Busses, sondern du sitzt hinten und das Gefährt macht mit dir, was es will (Details in meinem Buch „Der Kaiserin neue Kleider", Junfermann 2001).

Ausschlaggebend ist hier eine der wichtigsten Thesen aus dem NLP: *„Jedes Verhalten hat eine positive Absicht".*

Es gilt herauszufinden, was der Sekundäreffekt eines unerwünschten Verhaltens ist, denn so lange dieser nicht berücksichtigt wird, kann dich das unerwünschte Verhalten jederzeit wieder einholen. Sobald dir der positive Aspekt deines bisherigen Verhaltens klar ist, kannst du dir überlegen, auf welche neue Art und Weise du diesen von jetzt an leben möchtest. Zum Beispiel ärgerst du dich immer wieder über eine Kollegin. Was steht hinter diesem Ärger? Was ist der Sekundäreffekt des Ärgers? Vielleicht will dich der Ärger dazu bringen, einmal genauer dein Verhalten zu überdenken, oder er bringt dich dazu, dich selbst zu spüren oder er bewirkt eine bestimmte Situation, in der die betroffene Person neu bewertet werden kann. Entkopple nun die positive Absicht vom Ärger und überlege, wie du dich anders verhalten kannst, so dass die Person, die deinen Ärger verursacht, erst gar nicht in ihr ungünstiges Verhalten rutscht. Oder steige einmal aus deinem negativen Zustand aus, stelle dich neben dich selbst und den Ärger, und aus dieser Perspektive heraus bewertest du nun die Person und dich selbst. Es wird sich wie bei einem Mobile ereignen. Sobald ein Teil des Mobiles in Bewegung gerät, wird sich früher oder später jedes andere Teil des Mobiles mitbewegen. Du kannst also bewusst etwas verändern und deine Veränderung bewirkt, dass alle beteiligten Personen sich ebenso verändern müssen. Dein verwandeltes Verhalten bringt die andere Person dazu, dich anders wahrzunehmen und somit auch dir gegenüber anders reagieren zu müssen. Doch bedenke: Deine Mitmenschen können sowohl positive als auch negative Reaktionen auf dein neues Verhalten zeigen, denn sie sehen ja nicht dasselbe wie du, ebenso wenig die Notwendigkeit, mit der die Veränderung vollzogen wurde! Werde dir dessen bewusst, dann kannst du auch mit schwierigen Reaktionen geeigneter umgehen. Am besten spielst du nach solchen Veränderungsprozessen in Gedanken verschiedene Szenarien durch, wie sich dieses veränderte Verhalten auf deine Umwelt auswirken könnte. Somit bist du gut vorbereitet auf verschiedenste Reaktionen deiner Mitmenschen und kannst toleranter mit deinen Antworten sein (siehe Kapitel „Der Aszendent Wassermann im Entwicklungsprozess", Übung Zielrahmen, Seite 113). Das kann zur Folge haben, dass sich Beziehungen verändern, indem du deine eigene Komfortzone verlässt und bereit bist, bestimmte Konsequenzen zugunsten deiner Veränderung zu leben. Konsequenzen können u.a. sein, dass du dich Auseinandersetzungen stellst, anstatt vor ihnen zu flüchten, dass du geduldiger bist oder zu dir stehst und deine Meinung lebst. Beachte auch, dass deine Mitmenschen Zeit brauchen, um sich auf deine neue Haltung einstellen

ich bin bereit, bestimmte Konsequenzen meine Veränderung zu leben zu können. Sie werden dich herausfordern, denn sie kennen dich bisher natürlich ganz anders!

Wir sind ein Teil der Welt und nicht etwas von ihr Getrenntes.

Dazu findest du im Übungsteil noch viele Beispiele und Anregungen, wie du Veränderungen einleiten kannst und worauf du zu achten hast.

Die Pyramide nach Robert Brian Dilts

Über *Identität* könnten wir lange philosophieren. Jeder Mensch hat dazu seine ganz eigene Meinung. Ich glaube, dass sich die eigene Identität aus den wichtigen Werten, die ein Mensch hat, seinen Gefühlen und seiner Spiritualität zusammensetzt. Aus Sicht der Quantenphysik könnte man auch sagen, dass jedes einzelne Atom und jede Zelle deines Körpers alle deine dir wichtigen Informationen gespeichert hat. Ein Quant ist eine bestimmte Menge elektromagnetischer Energie, und diese Energie ist auch in unserer DNS (Desoxyribonukleinsäure, enthält die genetische Information, das „Erbgut" von Zellen) vorhanden. Gefühle, so zeigen viele wissenschaftliche Experimente, haben direkten Einfluss auf unsere DNS. Das, was uns wichtig ist, hat somit direkten Einfluss auf unseren Körper. Und umgekehrt genauso.

Doch wieder zurück zu den *Werten*. Dein Leben kann von positiven Werten wie Liebe und Sanftmut bestimmt werden, oder von negativen Werten wie Wut und Ungeduld. Finde deine Werte und ihre Untereigenschaften heraus, und du kannst das Muster deines Lebens erkennen, den sogenannten roten Faden, der sich durch dein Leben zieht. Wenn du deine negativen Werte und die dazu gehörenden Gefühle änderst, und vielleicht je nach Lebensphase die Hierarchie deiner positiven Werte neu definierst, so kannst du dich im wahrsten Sinne des Wortes „neu erfinden". Du bekommst Zugang zu den Gefühlen und Zuständen, die du wirklich leben möchtest.

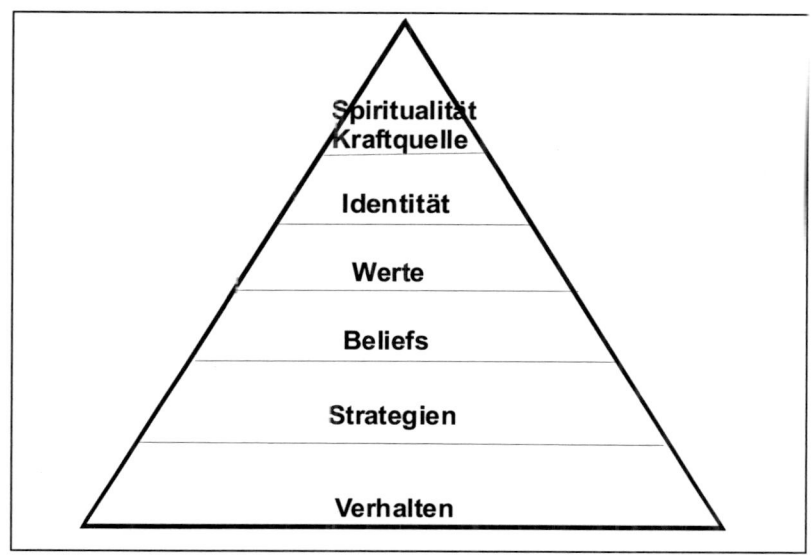

Abbildung 14: Pyramide nach Dilts

Aus neurologischer Sicht betrachtet werden bei bestimmten Gefühlszuständen immer gleiche Nervenbahnen und Gehirnregionen aktiviert. Bei wiederkehrenden Verhaltensmustern prägen sich bestimmt verlaufende Bahnen so tief ein, dass sie in Nanosekunden aktiviert werden können, und entweder positive oder negative Gefühle und das dazugehörende Verhaltensmuster beleben. Doch unser Gehirn ist riesig. Nur Bruchteile dessen, was möglich wäre, wird genutzt. Ich bin davon überzeugt, dass die Techniken des Neurolinguistischen Programmierens (NLP), die mit negativen Gefühlen besetzten, gewohnten, automatisierten Bahnen unterbrechen und neue ressourcenvolle Bahnen erschaffen können. Zellen, die bislang ungenutzt sind, werden angekurbelt und durch immer wiederkehrendes Wiederholen genauso trainiert, wie die bisher genutzten. Damit ist es schnell möglich, den Zugang zu positiven, unterstützenden Gefühlen herzustellen. Und somit auch Verbindung mit deinen dir wichtigen Werten.

Danach kommen in der Pyramide nach Dilts die *Beliefs. Glaubenssätze.* Sie bestimmen, wie du deine Werte lebst. (Mehr dazu im Kapitel

„Der Aszendent Steinbock im Entwicklungsprozess", siehe Seite 100).

Strategien sind Handlungsabläufe, die uns von A nach B bringen. Jedem Verhalten liegt eine Strategie zugrunde. Eine genaue Abfolge von Einzelschritten, die zu einem bestimmten Ergebnis führen. Immer wieder krank zu werden, auszurasten oder entspannen zu können, all das sind strategisch genau aufeinander abgestimmte Abläufe, die das jeweilige Gefühl oder Verhalten hervorbringen.

Um gezielt neue Strategien zu entwickeln, empfehle ich ein oder zwei Coachingsitzungen, da dies zu schwierig ist, im Alleingang zu bewältigen. Deshalb gibt es in diesem Buch auch keine explizit beschriebenen Strategieübungen.

In meinen Coachings sieht es etwa so aus: Wenn wir in der Pyramide ganz oben beginnen, Veränderungen zu initiieren, also auf den Ebenen Identität, Werte und Beliefs, dann ist die Wahrscheinlichkeit einer nachhaltigen Veränderung von Verhaltensweisen um ein Vielfaches größer, als wenn die Veränderung nur über Verhaltensweisen trainiert wird. Ein weiterer Pluspunkt: die Veränderung vollzieht sich schneller. Allerdings heißt dies nicht, dass sich dadurch der Integrationsprozess in den Alltag gleichzeitig verkürzt. So wie Laufenlernen oder Autofahren geübt werden müssen, müssen auch neue Strategien geübt werden. Von der unbewussten Inkompetenz über die bewusste Inkompetenz geht neues Verhalten über in bewusste Kompetenz und schließlich in unbewusste Kompetenz. Alles was man gut kann und gut macht, ist als unbewusste Kompetenz in einem abgespeichert. Es sind automatisierte Handlungsabläufe.

Nehmen wir als Beispiel ein Kind, das laufen lernt: Zuerst übt es erst viele verschiedene Bewegungen und trainiert seine Muskeln. Wenn es dies gut kann, beginnt es sich mehr und mehr aufzurichten, bis es irgendwann aufsteht und wackelig losgeht, nur um wieder auf seinen Po zu plumpsen. Es übt aber immer weiter, denn sein erklärtes Ziel ist es, instinktiv laufen zu wollen. Daher folgt es seinen Impulsen so lange, bis es gehen, laufen, hüpfen und springen kann. Und es ist noch kein gesunder Mensch liegen geblieben.

Noch ein anderes Beispiel: es ist vielleicht dein erklärtes Ziel, Autofahren zu können. Zu Beginn bist du unbewusst inkompetent. Es ist dir noch nicht bewusst, was du alles noch nicht kannst. Was also machst du? Richtig, du informierst dich über Fahrschulen, gehst in den theoretischen und praktischen Unterricht und absolvierst die ersten Fahrstunden. Erst durch den Besuch der Fahrschule wird dir bewusst, was du alles in Bezug auf Autofahren noch nicht kannst. Durch üben-üben-üben und lernen verwandelt sich deine Inkompetenz in bewusste Kompetenz. Du weißt, wie Kupplung und Gangschaltung zu bedienen sind, um das Auto – ohne zu stottern oder abzuwürgen – in Bewegung zu bringen. Nach einiger Zeit musst du nicht mehr bewusst überlegen, wie das geht, du machst es einfach. Wenn dieser Zustand erreicht ist, sind dein Wissen und deine Fähigkeiten in unbewusste Kompetenz übergegangen. Du fährst automatisch ohne zu überlegen, was alles zu tun ist. Das Bedienen des Fahrzeugs von A nach B läuft automatisch ab.

Die vier Eckpfeiler des Lebens in der Bedeutung der zwölf Tierkreiszeichen

Barbara Schütze und Dagmar Wäscher

Astrologisch gibt es mindestens zwölf Möglichkeiten (ohne Berücksichtigung der Planetenbesetzungen), in welcher Form die Energie des Aszendenten und Deszendenten, Imum Coeli und Medium Coeli Gestalt annehmen kann: Über die zwölf Tierkreiszeichen werden wir mit unseren Grundenergien ausgestattet. Sie erzählen uns, was wir in dieser Welt benötigen, um uns ganz und gefordert zu fühlen. So wie sich die jeweils zwei polaren Prinzipien auf einer Achse gegenüberliegen, so liegen sich auch immer zwei bestimmte Tierkreiszeichen gegenüber. Befindet sich z.B. der Aszendent im Zeichen Zwillinge, liegt diesem immer das Zeichen Schütze gegenüber und umgekehrt (infolgedessen befindet sich hier der Deszendent).

Da es zwölf Tierkreiszeichen gibt, können wir die vier Horoskopfaktoren jeweils in ihren zwölf Energien ganz allgemein benennen.

Aszendent und Deszendent in den Tierkreiszeichen

Aszendent Widder – Deszendent Waage

Kraft spendend: Werden wir mit der Energie des Widders am Aszendenten geboren, so sind wir in unserer Kraft, wenn wir uns autark und herausgefordert fühlen. Wenn es darum geht, der Erste bei etwas zu sein, blühen wir auf. Sich mit Haut und Haaren für eine

Sache und/oder für sich selbst einzusetzen, was kann es Größeres geben?

Verteidigungsstrategie und Kraftverlust: Wir erleben die Welt als einen großen Wettbewerbs- und Kampfplatz. Verständlich, dass wir uns damit schnell angegriffen fühlen und uns in einer Welt von Konkurrenten wiedersehen. Das Sprichwort „Angriff ist die beste Verteidigung" könnte von einem Widder-Aszendenten erfunden worden sein. Falls wir zu einem Angriff nicht fähig sind, bevorzugen wir den Weg des Rückzugs, d.h. mit der Zeit isolieren wir uns von unserer Umwelt, mit dem Ergebnis, dass wir es selbst sind, die sich den Zugang zu ihr beschneiden. Wenn das passiert, dann entwickeln wir Misstrauen, Zorn, Eigensinnigkeit und Egoismus im Sinne von Rücksichtslosigkeit.

Um diesem Dilemma zu entkommen, müssen wir lernen, einen Weg zu finden, in dem wir unsere Umwelt nicht ständig als Gefahrenpol deuten, sondern als eine Art Nahrungsquelle für unsere Lebendigkeit begreifen.

Lernziel des Widder-AC ist die Integration des Zeichens Waage am Deszendenten: Ein Gefühl des Miteinanders und die Fähigkeit, sich auszutauschen, zu entwickeln.

Mögliche Entwicklungsschritte, die eine Veränderung bewirken können: Sich auf echte Begegnungen einlassen, Gemeinsamkeiten entdecken und zusammen erleben…

Raum für eigene Gedanken, die sich nach Verwirklichung sehnen:

_____

_____

_____

_____

_____

_____

Der Aszendent Widder im Entwicklungsprozess

Um als ganzheitlicher Mensch zwischen eigenen und fremden Gefühlen wählen zu können, ist es wichtig, die Begriffe *assoziiert sein* und *dissoziiert sein* zu kennen (siehe Kapitel „Der Aszendent Schütze im Entwicklungsprozess", Übung „Apfel", Seite 99). Assoziiert sein bedeutet, mit all meinen Sinnen eine Situation zu erleben. Das kann sowohl eine unangenehme Situation sein, in der ich z.B. traurig, wütend, ängstlich bin etc. oder eine Situation, in der ich glücklich bin, z.B. fröhlich, innerlich ruhig, geduldig etc.

Dissoziiert sein bedeutet, mich aus unangenehmen Situationen und Gefühlen herausnehmen oder distanzieren zu können.

Oft ist es leider so, dass wir in negativen Gefühlen assoziiert verharren und die positiven Situationen als Beobachter (dissoziiert) erleben. Ziel wäre es, in negativen Situationen aussteigen zu können, um sich von unangenehmen Gefühlen zu befreien, die uns nicht mehr angemessen handeln lassen, und um somit in bejahenden Situationen voll einsteigen zu können, um die positiven Aspekte mit allen Sinnen zu genießen.

Die Fähigkeit aussteigen bzw. dissoziieren zu können, hilft enorm, wenn ich merke, ich fahre mich in einer Situation fest und es fällt mir nichts mehr ein. Ich bin zu wütend oder verletzt, um die Situation aus einer anderen Perspektive wahrzunehmen. Auf der Gefühlsebene eröffnet es die Möglichkeit, in eine neutrale Haltung zu gelangen, aus der ich agieren kann. Die Fähigkeit einsteigen bzw. assoziieren zu können, erlaubt mir, meine positiven Gefühle intensiv zu spüren, die Welt als ganzer Mensch wahrzunehmen.

NLP gibt mir im alltäglichen Leben durch dieses Wissen und deren Anwendung die Gewissheit, mich freier und flexibler meinen privaten und beruflichen Herausforderungen stellen zu können.

Für den Aszendent Widder ist dies die Chance, Eigenverantwortung zu übernehmen, in dem er lernt, sich von fremdbestimmt zu eigenbestimmt zu entwickeln und sich selbst zu spüren. Im folgenden Abschnitt wird noch verständlicher, wie sich die Fähigkeit, assoziieren und dissoziieren auswirken kann.

Im NLP gibt es vier unterschiedliche Wahrnehmungspositionen:

1. Position: Ich selbst assoziiert in mir, d.h. ich spüre mich und meine Bedürfnisse und nehme die Welt aus meiner eigenen Perspektive wahr. Ich kenne mich in meiner Gedanken- und Gefühlswelt aus und kann zwischen eigenen und fremden Gefühlen unterscheiden.

2. Position: Ich selbst dissoziiert von mir und assoziiert in einer anderen Person, d.h. ich schlüpfe in mein Gegenüber und tue so, als ob ich jetzt diese andere Person bin. Ich spüre und sehe und nehme die Welt aus den Augen dieses Gegenübers wahr.

3. Position: Dissoziation von mir selbst und anderen. Ich nehme eine neutrale Beobachterhaltung ein, so als ob ich mich selbst und andere Beteiligte vom Mars aus beobachten würde. Manche Menschen stehen in Besprechungen auf und stellen sich hinter ihren Stuhl, beobachten die Gesprächsrunde und sich selbst aus dieser Perspektive; sie überlegen aus einer neutralen Haltung heraus, mit welchem Beitrag sie das Gespräch zielführend weitergestalten können. Das heißt, sie sind dissoziiert von sich selbst, den anderen Beteiligten und der gesamten Situation.

4. Position: Hier bin ich assoziiert in Gedanken an einem Ort, an dem ich auftanken kann, wo ich mich wohl fühle. Das kann die Kraftquelle sein, ein Ort in der Natur, den ich kenne oder den ich mir ausdenke. Hier bin ich in Verbindung mit all meinen Ressourcen. Manche Menschen denken sich auf einen Berg, andere ans Meer, wieder andere beten zu Gott und sind in Licht eingebettet.

Für den Widder ist es hilfreich, über die vierte in die erste Position zu gelangen. Das heißt nichts anderes, als über Erinnerungen an Ressourcenplätze in der Natur wieder zu sich selbst zu kommen, Toleranz und ein Gefühl des Verbundenseins zu erleben.

Übung: Gehe hinaus und finde einen Baum

Kleine Kinder haben noch die Fähigkeit, mit Pflanzen und Tieren zu sprechen, ihnen zuzuhören und zu wissen, was sie sagen. Die Sinneskanäle sind offen in jede Richtung. Schauen, hören, fühlen, riechen und schmecken werden sehr intensiv erlebt. Je älter man wird, umso mehr tritt diese Fähigkeit des ganzheitlichen Wahrnehmens in den Hintergrund. Gesellschaftliche Regeln und Normen schreiben uns mehr und mehr vor, wie wir zu sein haben, und so passen wir uns an, um bestimmten Lebenskreisen zu entsprechen. Wir beschneiden uns unbewusst unserer vielen Möglichkeiten und engen dadurch unsere Wahrnehmung ein. Dies ist eine Einladung, dich zu öffnen, dich zu erinnern, wer und was du wirklich bist.

Nimm den Baum mit all deinen Sinnen wahr:

Sieh dir die Farben des Baumes und seine Form an, beobachte das Spiel seiner Äste im Wind.

Lausche dem Geräusch des Windes, wenn er durch die Wipfel des Baumes streicht.

Spüre die Rinde, lass die Blätter oder Nadeln des Baumes durch deine Finger gleiten.

Rieche den Duft der Rinde, der Blätter oder Nadeln und der Früchte.

Schmecke oder erfinde einen Geschmack dazu und lass ihn auf deiner Zunge zergehen.

Setze dich an den Baum, lehne dich an, spüre den Rhythmus des Baumes und der Erde, atme mit dem Baum und finde so wieder zurück zu dir selbst - zu dir selbst, wie du wirklich bist!

Lege hier deine Masken ab, sei ehrlich mit dir. Werde dir bewusst, wie viele Dinge du nur tust, um zu gefallen, wie viel du von deiner Seele vielleicht aufgegeben hast, um geliebt zu werden.

Der Baum hilft dir, dich neu zu entdecken, hilft dir, dich selbst lieben zu lernen, frei zu werden von Abhängigkeiten, die du dir selbst geschaffen hast.

Steige in den Baum ein, werde Baum und spüre in der Erde dein Verwurzeltsein. Komm zur Ruhe, komm an in dir. Hermann Hesse schreibt in seinem Buch *Bäume*, dass ein Baum nichts begehrt, außer er selbst zu sein, seine Bestimmung und seinen Auftrag zu leben, Samen und Früchte hervorzubringen.

Der Baum kann dich unterstützen, aus der Hektik des Alltags wieder in den gegenwärtigen Augenblick zu kommen, das Hier und Jetzt bewusst zu erleben.

Spüre die Verbindung des Baumes zu seiner Umwelt, sein Eingebettetsein.

Nimm wahr, auf welche Art und Weise der Baum Heimat für viele Tiere ist, Schutz bietet oder Nahrung. Nimm wahr, wie der Baum gibt und nimmt.

Atme mit dem Baum und merke, wie die Erinnerung an dein inneres Zentrum, deine Identität immer wacher wird.

Bemerke, wie sich der Baum mit dem Wind bewegt. Er kämpft nicht dagegen an, sondern nutzt die Kraft des Windes, in dem er mitgeht und doch er selbst bleibt.

Schreibe dir nun auf, was wirklich wichtig ist in deinem Leben, z.B. Liebe, Geborgenheit, Ehrlichkeit, Glück und Fröhlichkeit ...

Aszendent Stier – Deszendent Skorpion

Kraft spendend: Das Zauberwort heißt hier, sich dazugehörig und sicher zu fühlen. Wir haben die unsagbare Gabe, etwas ins Konkrete umzusetzen – eine praktische Ader wurde uns in die Wiege gelegt! Wenn wir etwas sichtbar gestalten, tanken wir Leben auf. Alles, was wir mit unseren Körpersinnen aufnehmen und erfahren, genießen wir in Freude und erlaben uns daran!

Verteidigungsstrategie und Kraftverlust: Die Welt, in der wir hineingeboren werden, ist eine sinnlich erfahrbare Welt. Sicherheit gibt es also nur, wenn wir unsere Welt in konkreter und fassbarer Weise verfestigen können. Wir streben infolgedessen nach menschlichen Gemeinschaften und nach materiellem Besitz, was an und für sich die Quelle nicht zum Erliegen bringt. Eine Schwächung tritt erst dann ein, wenn wir zu starr und unbeweglich an allem festhalten, was uns ein Gefühl von Sicherheit und Beständigkeit vermittelt. Aus Angst vor Verlusten, die unsere Fundamente zum Einstürzen bringen könnten, lassen wir uns bereitwillig zu einem Instrument machen, das nach „äußeren" Anweisungen (Status Quo, Traditionen, Loyalität) handelt. Jede Veränderung bedeutet, sich einer Gefahr auszusetzen, also lieber alles beim Alten und Gewohnten lassen, doch genau das könnte uns in einem übertragbaren Sinn „das Genick brechen". Bequemlichkeit, Sturheit und Trägheit rauben uns Energie.

Lernziel des Stier-AC ist die Integration des Zeichens Skorpion am Deszendenten: Sich in die Innenwelt begeben, um eigene Ideen, Prinzipien und Vorstellungen vom Leben zu entwickeln; das Vergängliche loslassen; eigene Wertmaßstäbe setzen.

Mögliche Entwicklungsschritte, die eine Veränderung bewirken können: Sich auf sich selbst beziehen, Besitz zur Verfügung stellen, den Dingen einen eigenen inneren Wert geben, sich vom Haben zum Sein begeben...

Raum für eigene Gedanken, die sich nach Verwirklichung sehnen:

_____

_____

_____

_____

_____

_____

_____

Der Aszendent Stier im Entwicklungsprozess

Im NLP wird genau herausgearbeitet, wie innere Kommunikation bei einer Person abläuft. Es gibt sogenannte Metaprogramme, die darauf hinweisen, auf welche Art und Weise wir Gefühle, Erleben und Handeln in unserem gigantischen inneren Computer „Mensch" abspeichern.

Auf der Metaebene wahrnehmen heißt, bewusst bemerken, dass ich im Laufe meines Lebens Erlebnisse und Erfahrungen gemacht habe, die im jetzigen Augenblick bestimmen, wie ich mich und die Welt um mich herum wahrnehme und auf welche Art und Weise ich kommuniziere. Dies können sowohl positive wie negative Erfahrungen sein. Je nach Erlebniswelt speichere ich unterstützende oder einschränkende Verhaltensmuster. Hier ein paar Beispiele für Metaprogramme:

- Match-mismatch: Ist mein Glas halbvoll oder halbleer, nehme ich wahr, was da ist oder was fehlt.
- Modalverben: müssen – wollen – können – dürfen - sollen: wie oft benützt du im Alltag „ich muss" oder „ich kann nicht", „ich sollte"?
- Innere Überzeugungen/Beliefs: Mein Leben ist leicht, ich bin ein leidgeprüfter Mensch…
- Wahrnehmung über Zeit - Vergangenheit, Gegenwart und Zukunft: Manche Menschen leben überwiegend in der Vergangenheit, andere wiederum in der Zukunft

Beispiele für Einschränkungen aus den Metaprogrammen:

Match-mismatch: nie klappt bei mir was, ich gehe immer leer aus, es ist nie genug, alles muss perfekt sein.

Modalverben: ich muss alles alleine machen, ich kann mir nichts merken, ich darf mich nicht blamieren.

Zeit: früher war alles besser, ich habe Angst vor…einem Überfall - zu versagen - verletzt zu werden, mir läuft die Zeit davon, ich bin unter Zeitdruck, mir geht alles zu langsam, ich bin ungeduldig.

Beim Aszendent Stier geht es darum, starre Überzeugungen zu entmachten, Loslassen lernen und das Urvertrauen zu erwecken

Übung: Auflistung aller Ängste und hinderlichen Beliefs, Überzeugungen und Glaubenssätze

Erstelle eine Liste aller dich einschränkenden Gedanken aus den oben genannten Metaprogrammen. So kannst du immer wieder abhaken, wenn sich ein Thema erledigt hat oder nachschlagen, welche Gedanken dich vielleicht einengen, wenn es etwas in deinem

Leben gibt, das gerade nicht so gut läuft. Die Einschränkungen beginnst du mit der folgenden Übung zu entmachten (Dauer ca. 50 Minuten).

Übung: Glaubenssätze mit Gegenbeispielen entmachten

1. Wähle ein Belief aus, das dich einschränkt, z.B. „Veränderung macht mir Angst" oder „Ich habe Angst, loszulassen".

2. Finde in deiner Vergangenheit mindestens fünf Situationen, in denen du etwas ohne Angst verändert hast.

3. Finde in deiner Vergangenheit mindestens fünf Situationen, in denen es dir gelungen oder leicht gefallen ist, etwas loszulassen.

4. Erlebe diese vergangenen positiven Situationen in Gedanken so, als ob sie gegenwärtig sind. Spüre dich hinein in diese positive Überzeugung. Welche positiven Glaubenssätze unterstützen dich hier?

5. Schreibe dir von jeder Situation die Farben, die Geräusche, die Temperatur, die Bewegung, den Geruch und den Geschmack auf. Erinnere dich an unterstützende Details und notiere sie dir. Spüre intensiv die Gefühle, die du in jeder erinnerten Situation empfunden hast.

6. Lies dir nun, von der letzten Situation beginnend, mehrmals nacheinander all diese positiven Erinnerungen laut vor. Dann sagst du noch einmal laut das alte einschränkende Belief.

7. Test: Was löst der Satz jetzt aus, stimmt er noch genau so überein oder hat sich etwas verändert? Wie würde ein neuer Satz lauten? Welches Gefühl ist jetzt da?

8. Future Pace: Wie geht es dir in deiner Zukunft mit deinem neuen Satz? Spiele verschiedene Varianten durch und kreiere so deine Zukunft neu.

Übung: Mein persönlicher Reichtum

Lerne zu leben, was du wirklich willst, und nicht was du glaubst zu müssen. Jede materielle Errungenschaft ist letztendlich nur eine

Illusion der Sicherheit. Wenn du die Sicherheit nicht in dir spürst, dann kannst du dir kaufen und anschaffen was du willst, es ist nur eine Momentanbefriedigung und keine dauerhafte innere Sicherheit. Bei den Indianern gab es eine Regel, was Geschenke anbetraf: Gib das weiter, was du im Moment nicht mehr brauchst. Und so konnte es sein, dass ein und dieselbe Geschenkgabe nach einiger Zeit wieder zu ihrem ursprünglichen Besitzer zurückkehrte. Das Motto lautet hier: Fühle dich frei von Besitz und Eigentum. Das heißt natürlich nicht: Gib deinen Hausstand auf und verschenke jetzt wie wild all deine Besitztümer. Es soll dich nur darin unterstützen, eine andere Einstellung zu deinem Besitz zu bekommen. Werde dir bewusst, was und wieviel davon du wirklich brauchst. Beantworte dir die Frage: Besitze ich meinen Besitz oder besitzt er mich?

Beobachte dich selbst über einen Zeitraum von einem Monat. Welche Gewohnheiten haben sich eingeschlichen? Mit welchen geht es dir gut, welche ärgern dich?

Erstelle eine Liste über all deine Besitztümer. Sehe und spüre deinen Reichtum. Werde dir bewusst, was du wirklich brauchst und was du eventuell aussortieren kannst.

Übung: Vom Müssen zum Wollen

Immer, wenn du im Alltag das Wort „müssen" verwendest, z.B. ich muss noch meine Schreibarbeiten erledigen, ich muss den Abgabetermin schaffen, ich muss diesen Zug erreichen, ich muss noch aufräumen etc., formuliere den Satz folgendermaßen um: Ich will heute noch meine Schreibarbeiten erledigen, ich will diesen Termin schaffen, ich will mich mit … treffen etc.

Führe ein kleines Gefühlstagebuch und beobachte dich selbst, inwieweit wollen, können und dürfen dein Alltagserleben erleichtern.

Übung: Urvertrauen ankern

(Anker setzen, siehe auch Kapitel „Der Aszendent Jungfrau im Entwicklungsprozess", Seite 82).

Wähle eine Körperstelle aus, an der du dir einen Anker setzen möchtest, z.B. mit leichtem Druck Daumen und Zeigefinger halten.

Erinnere dich an einen Moment in deiner Vergangenheit, in dem du wirkliches Urvertrauen hattest. Wenn dir keiner einfällt, dann tu so, als ob es einen Moment gäbe. Was würde alles dazugehören, wie würde es sich anfühlen? Spüre dich ganz hinein.

Im Moment der höchsten Gefühlsintensität drückst du deine beiden Finger aneinander und ankerst dir so an dieser Körperstelle tiefes Urvertrauen.

Immer, wenn du nun deine beiden Finger gegeneinanderdrückst, wird unbewusst die Qualität Urvertrauen ausgelöst und dein Unterbewusstsein aktiviert alles, was für dich an Gefühlen, Gedanken, Fähigkeiten und Handlungen dazugehört, so dass du adäquat handeln und reagieren kannst.

Verstärke den Anker so oft es geht und aktiviere ihn dadurch immer wieder neu. Löse den Anker bei dich einschränkenden Situationen aus und gewinne dadurch neue Handlungsalternativen.

Aszendent Zwillinge – Deszendent Schütze

Kraft spendend: Flexibilität/Beweglichkeit und die Fähigkeit, sich vielseitig auszudrücken, zeichnen uns als Aszendent Zwillinge aus. In Kommunikation und Abwechslungsreichtum zu sein, ist unser Lebenselixier. Offen und voller Neugier gehen wir auf alles zu, um möglichst viel darüber herauszufinden. Wir lieben es, zu wissen. Unser Interesse ist beinahe grenzenlos – je vielfältiger das Angebot ist, desto höher schlagen unsere Herzen!

Verteidigungsstrategie und Kraftverlust: Wir fühlen uns sicher, wenn wir alles auf dieser Welt verstehen können. Deswegen erfahren wir die Welt als eine Art Lexikon, in dem wir am liebsten alles nachschlagen könnten, um sie für uns erklärbar zu machen. Für uns ist es wichtig, das Funktionieren von allem zu ergründen, um es in unsere Überlebens-Kategorien einstufen zu können. Es ist schließlich unsere Methode, auf Gefahren zu reagieren: Wissen ist Macht. Diese Fähigkeit zur Analyse und Rationalisierung hat jedoch ihren Preis: Wir können nicht alles im Detail erfassen, also müssen wir uns immerwährend zwischen mindestens zwei Dingen entscheiden. Da alles gleich-ge-wichtig für uns ist, erfordert eine Entscheidung einen großen Kraftaufwand von uns. Um diesem aus dem Weg zu gehen, entscheiden wir uns für alles, aber mit dem Verhängnis, nur oberflächlich dabei zu sein und vorgehen zu können. Wir legen uns daher auch nicht gerne fest und wirken auf andere unverbindlich und flatterhaft. Da dieser Mechanismus Unruhe in uns auslöst und uns ständig in Atem hält, achten wir immer weniger auf unsere Gefühle, die uns ein Schlüssel zu einer anderen Art von Wissen und eine wesentliche Hilfe bei Entscheidungen sein könnten. Irgendwann können wir mit unseren Gefühlen und mit den Gefühlen anderer Menschen nur noch hilflos umgehen, und so finden wir es sicherer, der Welt mit Worten und mit Denken zu begegnen. Wir laufen spätestens jetzt in Gefahr, in Rollen zu schlüpfen, die nur noch den kläglichen Versuch in sich bergen, den Kontakt zur Außenwelt zu bewahren, indem wir uns auf diese Weise so attraktiv wie möglich machen. Dieses Verhalten und das Bemühen, sich nicht mehr von der Welt und ihren Menschen berühren zu lassen, haben genau den Effekt zur Folge, der den Tod eines jeden Zwillingsaszendenten bedeutet: Die Menschen gehen uns aus dem Weg, und damit verschließt sich uns die Möglichkeit zur Kommunikation und zum Selbstausdruck.

Lernziel des Zwillinge-AC ist die Integration des Zeichens Schütze am Deszendenten: Zusammenhänge erkennen, verbindlich werden, sich selbst vertrauen und an sich glauben, Glauben und Visionen entwickeln.

Mögliche Entwicklungsschritte, die eine Veränderung bewirken können: sich über Gefühle austauschen, sich über Reizüberflutungen bewusst werden, Verbindungen herstellen, in Entscheidungsfragen Neutralität ablegen — Standpunkte beziehen...

Raum für eigene Gedanken, die sich nach Verwirklichung sehnen:

_____

_____

_____

_____

Der Aszendent Zwillinge im Entwicklungsprozess

Was sind eigentlich Werte und was bedeuten sie für unser Leben? Es gibt positive und negative Werte. Der Ursprung unserer persönlichen Werte kann im gesellschaftlichen Bereich liegen. Auch die Kirche spielt eine wesentliche Rolle bei der Prägung von Werten, ebenso der Staat, die Herkunftsfamilie, unser Bildungssystem etc. Wenn sich das Land, in dem eine Person aufwächst, in einer Kriegssituation befindet, werden andere Werte geprägt, als in einem demokratischen Land mit allen möglichen Freiheiten.

Positive Werte sind z.B. Liebe, Vertrauen, Freiheit, Geduld, Gelassenheit, Frieden, Gesundheit, Lebensfreude, Ruhe... Negative Werte sind z.B. Wut, Ärger, Unruhe, Angst vor Enttäuschung, Zwang, Druck, Kampf, Stress, Krankheit, Lustlosigkeit...

Unsere Werte geben vor, was uns im Leben wichtig ist und wie wir unser Leben gestalten. Werte sind im Grunde statisch und werden erst durch das, was wir darüber glauben und erfahren haben, lebendig.

Der Wert Liebe zum Beispiel: Liebe an sich ist erst einmal nur ein Begriff. Jetzt kann eine Person glauben, dass Liebe mit Schmerzen und Enttäuschung verbunden ist, und eine andere Person ist der Überzeugung, dass Liebe Wärme, Kuscheln und Geborgenheit bedeutet. Jede Person hat in ihrer Wahrnehmung Recht, nur hat die eine negative Erfahrungen mit der Liebe zu verzeichnen, und die andere positive. Dementsprechend wird das Leben daran ausgerichtet. Die eine Person lernt vielleicht sich zu schützen und ist eher in Beziehungen misstrauisch, die andere öffnet sich und ist voller Vertrauen, dass ihr nur Gutes widerfährt.

Der erste Schritt bedeutet, Bewusstheit über die eigenen Werte zu erlangen, um dann entscheiden zu können, was mich fördert und was mich eigentlich ausbremst.

Übung: Wertehierarchie

Gehe einzelne Bereiche deines Lebens durch: Beziehung, Freunde, Familie, Arbeit, deinen Körper, Umfeld, Geld, Glaube... Fertige dann eine Liste der Werte an, die zu dem jeweiligen Bereich dazugehören z.B. Körper: Bewegung, Gesundheit, Balance, innere Ruhe, Überforderung, Anstrengung, Schwere, Müdigkeit...

Familie: Miteinander, Fröhlichkeit, Vertrauen, Offenheit, Ärger, Spannung, Gereiztheit, Streit...

Du siehst, nicht nur positive Werte gehören zu dem jeweiligen Bereich dazu, auch einschränkende. Als Nächstes fertige zwei Spalten an, eine für die positiven, eine für die negativen Werte. Werde dir bewusst, in welcher Reihenfolge du sie auflisten möchtest. Welcher Wert steht an erster Stelle, ist dir am Wichtigsten, welcher kommt danach und so weiter. Überlege dir dann, wie lange du die negativen Werte schon lebst. Manche davon vielleicht schon seit deiner Kindheit, andere wiederum erst seit Kurzem. Schreibe das Alter der Werte dazu.

Entscheide nun: Wie lange möchtest du diese dich einschränkenden Werte noch weiterleben? Erstelle einen Zeitrahmen, in dem du deine positiven Werte leben möchtest:

Werte in einer Woche:
Werte in einem Monat:
Werte in sechs Monaten:
Werte in einem Jahr:
Werte in fünf Jahren:
Werte in zehn Jahren und mehr:

Du siehst, der zeitliche Rahmen gibt dir die Möglichkeit, realistisch zu bleiben. Wenn du eine bestimmte Krankheit hast, dann ist der zeitliche Rahmen, um Gesundheit zu erlangen, eventuell weiter gesteckt als die Erreichbarkeit anderer Werte. Oder wenn du wenig Geld hast, kann es sein, dass du, um einen gewissen Reichtum etablieren zu können, die Konsequenz in Kauf nimmst, eine zusätzliche Arbeit anzunehmen. Dafür braucht es möglicherweise eine längere Zeit. Es gibt jedoch die Möglichkeit eines Wunders! Ich glaube daran! So kann es sein, dass Heilung oder Reichtum viel schneller eintreten, als du es bewusst für möglich hältst.

Diese Liste ist nicht statisch zu sehen. Sie kann sich in unregelmäßigen Abständen verändern. Wenn dir heute Freiheit wichtig ist, weil du dich gerade von deinen Eltern löst, dann kann ein paar Jahre später ein Miteinander oder Familie im Vordergrund stehen. Und so ist es hilfreich, bewusst mit deinen Werten und Zielen umzugehen, um kontinuierlich angleichen oder ändern zu können.

Für den Aszendent Zwillinge ist es genauso wichtig, einen guten Schutz gegenüber der Außenwelt zu haben. Aber Vorsicht: Unter Schutz verstehe ich nicht Abgrenzung von Menschen oder Situationen. Schutz bedeutet in meinem Verständnis, eine Art unsichtbare Hülle um mich herum zu haben, die das durchlässt, was mir gut tut und mich unterstützt, und das fernhält, was mir schadet.

Übung: Schutz

Stelle dir jeden Morgen vor, wie um dich herum eine unsichtbare blaue Energiekugel entsteht. Diese schützt dich vor äußeren verbalen und nonverbalen Angriffen. Destruktives zieht vorbei und nur das, was dich unterstützt, dringt zu dir hindurch. Von innen nach außen kannst du ganz natürlich Verbindung schaffen und auch halten, wenn du das möchtest, oder Verbindung abbrechen, wenn dir eine Situation nicht gut tut. Es geht nicht darum, diese Angriffe gar nicht mehr wahrzunehmen, sondern darum, dich stark genug zu fühlen, dass du dich ihnen stellen kannst. Denke beim Verbindungsabbruch bitte an folgende Regel aus dem NLP, es ist der *Ökologie Check:* Das heißt, wie geht es der anderen Person, wenn du den Kontakt abbrichst? Welche möglichen Konsequenzen hat deine Reaktion? Wenn realisierbar, bleibe immer achtsam und respektvoll gegenüber deinen Mitmenschen und formuliere deine Bedürfnisse in einer Weise, in der du auch selbst auf etwas hingewiesen werden möchtest. (Nach Sandra Ingerman aus dem Buch „Heilung für Mutter Erde").

Übung: Alles oder Nichts

Setze dich irgendwo bequem hin, nimm deine beiden Hände und lege sie auf deine Oberschenkel. In die eine Hand lässt du nun in Gedanken alles hineinfließen, was zu „alles" mit dazugehört.

Lass dir hierfür ein Symbol aus deinem Unterbewusstsein schenken, das du in dieser Hand hältst. Das Gleiche machst du mit „Nichts" in der anderen Hand. Du birgst nunmehr zwei Symbole in deinen Händen. Wende dich der rechten Hand zu und finde heraus, was an diesem Symbol positiv ist. Was kann dieses Symbol?

Dasselbe machst du mit der linken Hand.

Schreibe dir alle positiven Aspekte der rechten und der linken Hand auf.

Werde dir bewusst, dass du in beiden Händen positive Möglichkeiten zur Verfügung hast. Stelle dir die Frage, ob sie sich gegenseitig bereichern würden. Wenn ja, dann führst du beide Hände zusammen. Die positiven Aspekte vermischen sich und in deinen gefalteten Händen entsteht ein drittes neues Symbol, das alle diese positiven Aspekte in sich vereint.

Schaue und spüre das neue Symbol und erkunde, was es in dir auslöst. Wenn es angenehm ist, hole mit einer Bewegung zu deinem Herzen hin alle diese unterstützenden Aspekte in dich hinein.

Aszendent Krebs – Deszendent Steinbock

Kraft spendend: Alles, was uns Geborgenheit vermittelt, lässt uns Energie tanken; so sind wir bestrebt, uns nur da aufzuhalten, wo wir uns geschützt fühlen. Als Krebs-AC haben wir das unsagbare Geschenk mitbekommen, uns von allem betroffen zu fühlen, d.h. unser Einfühlungsvermögen in den Stimmungen und Bedürfnissen von anderen ist schier unerschöpflich. Daher liegt es uns am Herzen, uns um andere zu kümmern und für sie zu sorgen.

Verteidigungsstrategie und Kraftverlust: Unsere Welt ist eine sehr subjektive Welt, da sie für uns fast ausschließlich auf Empfindungen beruht. Empfindungen und Gefühle sind nie von Dauer, sie schwan-

71

ken mitunter stündlich. Da wir uns von allem betroffen fühlen, können wir zunächst nicht zwischen unseren Empfindungen und denen der anderen unterscheiden: Wir identifizieren uns mit unserer Umwelt. Das bedeutet, dass wir uns von dieser nur allzu schnell abhängig machen, denn nur, wenn die Stimmungslage von außen sicher erscheint, können wir innerlich aufatmen. Aufgrund dieser ständigen Sehnsucht nach Geborgenheit merken wir schon bald, dass wir auf Dauer und auf diesem Wege die äußeren Umstände (z.B. Gefühle der anderen) niemals konstant aufrechterhalten können, um uns andauernd geborgen und sicher zu fühlen. Folglich ziehen wir uns innerlich zurück und erschaffen uns eine Art Schneckenhaus, um uns nicht mehr von außen berühren lassen zu müssen. Der ansonsten so gefühlige Krebs-AC wirkt dann nach außen hin gefühllos. Er erlebt die jetzige Welt zunehmend als unbeständig und zieht es vor, den Dingen aus der Vergangenheit mehr Aufmerksamkeit zu schenken, denn das Gewohnte und das Erlebte bietet eine Art Ersatz für das Bedürfnis nach Geborgenheit. Früher war dann eben alles besser... Die Reaktionsweisen laufen fortan monoton und starr ab, denn wir beziehen uns auf das, was bereits war, und glauben, dass wir damit am besten fahren. Aber wir fahren nur mit unseren Lebensgeistern schnurstracks in den Keller....

Lernziel des Krebs-AC ist die Integration des Zeichens Steinbock am Deszendenten: zwischen den eigenen und den Gefühlen / Empfindungen der anderen unterscheiden zu lernen; seelisches Gleichgewicht trotz Betroffenheit zu bewahren (innere Stabilität); etwas Bestimmtem Bestand zu verleihen; für die eigenen Empfindungen eine Form finden, um aus der inneren Betroffenheit einen äußeren Reichtum für andere zu erschaffen.

Mögliche Entwicklungsschritte, die eine Veränderung bewirken können: sich in Geduld und Ausdauer üben; sich Klarheit über die eigenen Gefühle und die der anderen verschaffen -> sich darüber austauschen, mehr aus sich rausgehen, Gefühle „öffentlich" machen....

Raum für eigene Gedanken, die sich nach Verwirklichung sehnen:

✐ _____

_____

Der Aszendent Krebs im Entwicklungsprozess

Übung: Reise zur Kraftquelle

Höre dir dazu die beiliegende CD an.

Übung: Fragenkatalog für Gefühle und Bedürfnisse

- Um zwischen den eigenen und fremden Gefühlen unterscheiden zu können, ist es zuerst einmal wichtig, dich selbst genau zu beobachten.
- Welche Gefühle werden durch bestimmte Menschen und Situationen in dir ausgelöst?
- Hast du das Gefühl, selbst zu wissen, was dir gut tut oder bist du auf die Meinungen anderer angewiesen?
- Handelst du auf eine bestimmte Art und Weise, weil deine Mutter / Vater auch so gehandelt hat?
- Schwankst du oft mit deiner Meinung hin und her?
- Inwieweit verleugnest du deine eigenen Bedürfnisse zugunsten anderer Menschen, weil du dadurch entweder Lob, Anerkennung oder Harmonie erfährst?

Wenn in der Kindheit ein großes Defizit an Geborgenheit, Liebe und Sicherheit, aus welchen Gründen auch immer, entsteht, lässt sich in der Zukunft immer ein extremes Suchen nach diesen Qualitäten verzeichnen. Diese Suche beinhaltet leider gleichzeitig immer eine Selbstaufgabe. Das besagt, um etwas zu bekommen ist der Mensch bereit, sich anzupassen, Streit zu vermeiden, bereit viele Dinge zu tun, um anerkannt und geliebt zu werden.

Dies ist jedoch das Bedürfnis des Kindes, das heute aus dieser erwachsenen Person spricht und diese wie ein Kind handeln lässt. Von außen betrachtet, sind wir erwachsene Menschen und werden auch als solche von unserem Umfeld wahrgenommen. Aus der Innenschau besehen sind wir dagegen wie kleine Kinder mit den Wünschen und Sehnsüchten eines Kindes. Das führt in der Kommunikation unweigerlich zu Missverständnissen. Wenn insbesondere die erwachsene Person erwartet, dass z.B. der Lebenspartner oder die Lebenspartnerin diese Bedürfnisse gefälligst zu erfüllen hat, dann können wir nur leer ausgehen oder in Konfliktsituationen enden. Unser Gegenüber kann das gar nicht erfüllen. Das Gegenüber ist damit höchstwahrscheinlich überfordert, denn das Bedürfnis richtet sich an die falsche Adresse. Die einzige Person, die das heute erfüllen kann, bist du selbst. Denn nur du weißt, was die Bedürfnisse deines inneren Kindes sind und nur du kannst sie erwirken. Wie das realisierbar ist, erfährst du gleich.

Es geht darum zu entdecken, in welchen Situationen das kleine Kind aus dir spricht und nicht die erwachsene Person, die du eigentlich bist.

Am besten dokumentierst du zunächst deine Bedürfnisse, die du im Grunde hast. Das findest du ganz leicht heraus, indem du bemerkst, wann du eventuell in einer Trotzreaktion oder in Wut, in Traurigkeit oder in ein Rückzugsverhalten hineinrutschst. Dann fragst du dich: Was bräuchte ich jetzt in diesem Moment? Eine Umarmung, Ruhe, Verständnis, Liebe, Aufmerksamkeit etc. Notiere dir das. Dein Unterbewusstsein bekommt von dir somit eine Zielvorgabe, in welche Richtung sich dein Leben verändern soll.

Danach lade ich dich auf ein kleines Experiment in Bezug auf unsere Zeitwahrnehmung ein. Unser Unterbewusstsein kennt keine lineare Zeit, d.h. für das Unterbewusstsein ist jetzt immer jetzt. Du kannst in die Vergangenheit reisen und dich erinnern, oder in die Zukunft und dir etwas ausdenken, denn für das Unterbewusstsein macht das keinen Unterschied. Es wird immer so sein, als ob es in diesem Augenblick geschieht. Du kannst gedanklich vergangene Situationen immer wieder aufleben lassen, und du wirst sie so empfinden, als ob sie momentan stattfinden. Oder du denkst dich in deine positive Zukunft, und auch hier wirst du die Inszenierungen lebendig und gegenwärtig erleben.

Dieses Wissen verschafft einen großen Vorteil in Bezug auf Veränderungsprozesse.

Übung: Zeitreise – Dem inneren Kind begegnen

Ich möchte dir hier eine Übung vorstellen, mit der du durch die Zeit reisen kannst. Sie ist aus dem Time-Line-Bereich des NLP.

Suche dir einen ruhigen Platz, an dem du eine Zeit lang ungestört verweilen kannst. Hier hast du nun die Gelegenheit, deinem inneren, kleinen Kind mit all seinen Bedürfnissen zu begegnen.

Vergangenheit- - - - - - - - - - Gegenwart - - - - - - - - - - Zukunft

Abbildung 15: Time Line

Wähle dir aus deiner Liste ein Mangelgefühl, z.B. dich zurück gestoßen fühlen. Erinnere dich an alles, was dazugehört.

Dann bittest du dein Unterbewusstsein, dir aus der Vergangenheit eine Situation zu zeigen, in der dieses Gefühl vorhanden war.

Nun tust du so, als ob du dich in einem Theater befindest. Schau dir deine Erinnerung aus einer dissoziierten Haltung wie ein Theaterstück an. Finde heraus, was das Bedürfnis deines jüngeren Selbst ist. Will es geliebt werden, gehalten sein oder einfach sein dürfen, so wie es ist? Ermittle alle Bedürfnisse.

Werde dir bewusst, dass in deiner Erinnerung jede beteiligte Person das Beste gegeben hat, zu dem sie in der Lage war. Du hattest dadurch die Chance, vieles zu lernen, und auch wenn es manchmal schmerzhaft war, konntest du dich dadurch zu der Persönlichkeit entwickeln, die du heute bist.

Nimm jetzt dein jüngeres Selbst in den Arm, halte es ganz fest und gib ihm alles, was es je gebraucht hätte. Halte es so lange im Arm, bis du das Gefühl hast, es ist genug. Verweile mit deinem jüngeren Selbst. Sprich mit ihm. Nimm es an. Gib ihm all die Liebe, die du in dir trägst. Versichere ihm, dass du es nie im Stich lassen, sondern dich kümmern und dafür sorgen wirst, dass es ihm gut geht.

Stelle mit deinem jüngeren Selbst einen Vertrag auf. Immer dann, wenn es dich braucht und in einen Mangel rutscht, wirst du es versorgen. Zu Beginn verbringst du einmal am Tag 5-10 Minuten mit deinem jüngeren Selbst und mit der Zeit wird es dich immer weniger brauchen. Du merkst es daran, dass die Mangelgefühle immer seltener werden. Wenn es dir eine Hilfe ist, stelle neben deinem Bett ein Bild von dir aus deiner Kindheit auf. Versöhne dich mit dem liebenswerten Wesen, das du bist. Verzeih dir selbst und anderen für das Leid, das du vielleicht erlebt hast. Das Schöne daran ist, es wird nie wieder so sein, weil du dafür sorgst, dass dein Leben ab jetzt anders verläuft.

Dann stell dir vor, dass du als erwachsene Person mit deinem jüngeren Selbst in die Situation deiner Kindheitserinnerung zurückgehst. Du betrachtest dich in diesem Theaterstück und bittest, dass alle beteiligten Personen von deiner Kraftquelle versorgt werden. Jeder bekommt ein Optimum, auch wenn es in Wirklichkeit nie so sein wird. Lass los und vertraue darauf, dass nur das Beste für dich geschieht. Es darf in deiner Erinnerung allen gut gehen. Denn wenn du unversöhnlich bleibst, raubt dir dieser Zustand viel Energie, die du anders nutzen könntest.

Denk jetzt noch einmal an die Situation und spüre, wie es dem inneren Kind und dir im Vergleich zu vorher geht. Verabschiede und bedanke dich bei den anderen beteiligten Personen für alles, was du durch sie lernen konntest.

Spiele verschiedene Zukunftsvarianten durch, wie du dich jetzt verhalten wirst. Arbeite mindestens drei Handlungsalternativen heraus.

Übung: „Die Schuld haben immer die anderen"

Erstelle eine Liste von Mitmenschen, die etwas an sich haben, das dich stört. Beschreibe dabei genau, was das Störende ist. Überprüfe in allen Details, was das mit dir zu tun hat; welche Gefühle, Gedanken oder Reaktionen bei dir ausgelöst werden und welche Lernchancen für dich darin enthalten sind.

Nun wähle eine Situation aus und spüre das dazu gehörende Gefühl. Bringe das Gefühl nach außen, indem du es visualisierst. Welche Form, Farbe und Beschaffenheit hat es? Auf welche Art und Weise bist du mit ihm verbunden?

Jedes Verhalten hat eine positive Absicht!

Finde heraus was die positive Absicht hinter dem Gefühl ist. Was will dieses Gefühl für dich? Was kannst du daraus lernen?

Stelle dir nun direkt vor dir eine weiße Wolke vor und gib das Gebilde in diese Wolke hinein. Bitte deine Kraftquelle, dass sie für dich heilsame Energie strömen lässt und dieses Gebilde so umkonstruiert, dass es die positive Absicht genauso gut oder noch besser erledigen kann. Ganz von alleine versorgt deine Kraftquelle dieses Gebilde mit allen Ressourcen, die du in dieser Situation benötigst. Dazu hat deine Kraftquelle alle Zeit, die sie braucht, ab jetzt genau zwei Minuten. In der Zwischenzeit versorgst du dich mit einigen tiefen Atemzügen und lehnst dich entspannt zurück.

Jetzt greifst du wieder durch diese Wolke hindurch und nimmst das von deiner Kraftquelle veränderte Gebilde wieder auf. Schau dir genau an, wie es jetzt aussieht, wie es sich anfühlt, was es ausstrahlt. Gib nun das Neue an die Stelle in dir, wo vorher das Alte war und stelle sicher, dass es zu dir passt. Was fühlst du jetzt? Welche Gedanken kommen jetzt? Was passiert, wenn du wieder an die Person und die Situation denkst?

Future Pace: Wie wirst du dich zukünftig in ähnlichen Situationen verhalten? Inwieweit wird dieses neue Gefühl dich unterstützen?

Aszendent Löwe – Deszendent Wassermann

Kraft spendend: Wir erleben uns in unserer größten Kraft, wenn wir alles auf uns selbst beziehen können. Daher suchen wir alle Situationen auf, in denen wir der Mittelpunkt des Geschehens sind, kurz, wir sind auf Ego-Zentrik ausgerichtet. Uns die Dinge zu eigen machen, darin liegt unsere Begabung. Deswegen können wir auch so gut führen und leiten. Wir haben das unstillbare Verlangen, uns selbst Ausdruck zu verschaffen; wir lieben es, wenn wir uns selbst und unsere Emotionen darstellen können. Dabei ist uns jedes Mittel recht.

Verteidigungsstrategie und Kraftverlust: Die Welt, in der wir leben, ist geprägt durch unseren eigenen Maßstab: Wir legen die Dinge fest und wollen sie von den anderen so umgesetzt wissen. Klar, dass sich das nicht jedermann von uns gefallen lässt und auf seinem eigenen Plan besteht. Beharrlich bestehen wir auf unserem, denn die Welt ist nur dann ganz, wenn sie von uns erschaffen wurde. Sehr schnell finden wir uns in einer Welt von Machtkämpfen wieder, in denen ein jeder seine eigene Autorität außer Frage gestellt haben will. Wenn wir merken, dass sich die Menschen von uns aus diesen Gründen entfernen, kann es auch geschehen, dass wir beginnen, etwas anderes als uns selbst zu verkörpern, bloß um die Aufmerksamkeit, und somit die Energiezufuhr nicht zu verlieren. Das Ergebnis ist eine von außen geschöpfte, manipulierte Person, die jenseits ihrer eigenen Mitte fungiert.

Lernziel des Löwe-AC ist die Integration des Zeichens Wassermann am Deszendenten: Jeder Mensch hat ein Recht darauf, sich selbst zu entfalten; die Einmaligkeit und das Besondere eines jeden Menschen wertschätzen zu lernen; jeder ist ein Teil des Ganzen und wirkt durch seine Besonderheit in der Gemeinschaft.

Mögliche Entwicklungsschritte, die eine Veränderung bewirken können: sich aus der eigenen Mitte begeben, um einen Perspektivenwechsel zu erhalten; Gedankenspiele in den Alltag einbauen -> was macht Person XY so einmalig? Welche schöpferischen Impulse erfahre ich aus meiner Umwelt? Wovor habe ich Angst, wenn ich zulasse, dass jemand anderes etwas besser als ich macht?....

Raum für eigene Gedanken, die sich nach Verwirklichung sehnen:

Der Aszendent Löwe im Entwicklungsprozess

Sich ins Zentrum zu stellen ist ja grundsätzlich nichts Schlechtes! Die ausschlaggebende Frage ist jedoch: Auf welche Art und Weise rücke ich mich ins Zentrum? Gehe ich vom reinen Machtgedanken aus oder agiere ich aus dem Herzen und mit Achtung den anderen Menschen gegenüber?

Werde dir bewusst, dass alles, was du ausstrahlst wieder zu dir zurückkommt. Und der Preis der Machtausübung auf andere und des Bewusstseins, dass es nur dich auf der Welt gibt, könnte sein, dass du am Ende alleine bist, weil keiner mehr gern mit dir zusammen sein möchte. Hierzu ein paar Fragen an dich:

- Was verbindest du mit Macht?
- Was tust du, um deine Macht am besten zum Ausdruck zu bringen?
- Machst du andere klein, um dich groß zu fühlen?
- Bist du manchmal unsicher?
- Vergleichst du dich oft mit anderen? Machst du dich im Vergleich kleiner oder größer?
- Welche Gefühle verbindest du mit ‚abhängig sein' und welche mit ‚unabhängig sein'?
- Wie fühlst du dich, wenn du hilflos und schwach bist?
- Wie wirkt sich dein Verhalten auf Person XY aus?
- Wer würde zuerst / wer zuletzt bemerken, dass du nur auf dich bezogen handelst?
- Wer würde zuerst / wer zuletzt bemerken, dass du dich positiv verändert hast und gut für dich und andere sorgst?

Übung: Zweite Position

Stelle zwei Stühle bereit. Setze dich auf einen Stuhl. Der andere Stuhl steht für eine imaginäre Person X bereit, mit der du etwas klären möchtest.

Wähle eine Person X aus, die dich nervt oder die von dir behauptet, dass du ein Egoist bist. Was ist dein Anliegen mit dieser Person X?

Stell dir vor, dass dir X auf dem anderen Stuhl gegenübersitzt. Beobachte: Wie sind Körperhaltung, Gestik, Mimik, Sprache und Atmung?

Nun stehst du auf und setzt dich auf den Stuhl von X. Du nimmst die gleiche Körperhaltung ein, machst die gleiche Gestik, Mimik, Atmung und sprichst genauso schnell/langsam, laut/leise wie X. Sprich den Namen von X laut aus und tu so, als ob du jetzt diese Person X bist. Spüre, wie du dich als X fühlst. Betrachte dich selbst aus den Augen von X.

Aus dieser Perspektive bildest du nun Hypothesen über all das, was diese Person X über dich denkt, wie sie dich wahrnimmt und wie du auf sie wirkst. Was müsstest du tun, damit sich X besser fühlt? Welche Bedürfnisse hat X? Was bräuchtest du als X von deinem Gegenüber, damit sich die Verbindung zwischen euch leichter gestaltet?

Stehe auf und gehe zurück zu deinem Stuhl. Werde wieder ganz du selbst, sag laut deinen eigenen Namen. Spüre nach, inwieweit die Information, die du von X bekommen hast, dein Verhalten und deine Empfindungen ihr gegenüber beeinflusst. Wie hat sich deine Sicht des Ganzen verändert? Wie nimmst du X jetzt wahr? Wie wirst du dich zukünftig verhalten, wenn du dieser Person begegnest?

Aszendent Jungfrau – Deszendent Fische

Kraft spendend: Wir fühlen uns lebendig, wenn wir uns zur richtigen Zeit am richtigen Ort befinden und dann noch das Richtige vollbringen! Wir sind das Naturtalent schlechthin, wenn es darum geht, das Aussteuern an die Umwelt(bedingungen) zu meistern. Wir gestalten uns die Welt so, damit wir uns darin sicher fühlen, denn das ist das Wesentliche, um in der Welt überleben zu können. Instinktiv beobachten wir alles um uns herum, um die Dinge in unser System einordnen zu können. Von der Planung zur Erledigung – wir lieben es, wenn wir der Welt eine Ordnung verleihen können.

Verteidigungsstrategie und Kraftverlust: „Sicherheit bewahren!", schreit uns tagtäglich unser Aszendent entgegen – die Welt gilt als etwas, was sich ständig in Auflösung befindet, denn Ordnung lässt sich nur schwer aufrechterhalten. Also vergeuden wir unsere Energien in etwas, was wir im Grunde niemals ändern können: Das Unberechenbare lauert hinter jeder Ecke. Wir geben uns aber gar nicht erst damit ab, denn das Unberechenbare macht uns Angst. Wir ziehen die Welt der Realitäten vor: Zahlen, Daten, Fakten. Wir glauben, wenn wir uns danach richten, kann uns nichts passieren, obwohl uns das Leben etwas anderes lehrt. Anstatt sich das Unberechenbare nutzbar zu machen, wandeln wir unser Talent, sich an die Umwelt aussteuern zu können, in pure Angleichung um. Wir verwechseln im Laufe der Zeit, dass Angleichung das Gegenteil vom flexiblen Aussteuern ist, und dass sich unterzuordnen (sich unterjochen) das Gegenteil der Herstellung von Ordnung ist. Wir agieren nicht mehr, wir reagieren nur noch. Wir sind quasi nur noch damit beschäftigt, es allen und jedem Recht zu machen, bis hin zur Selbstaufgabe. Jeder Kraftverlust wird nach außen hin repräsentiert; ein geschwächter Jungfrau-AC ist an seiner Kritikliebe und Rumnörgelei zu erkennen.

Lernziel des Jungfrau-AC ist die Integration des Zeichens Fische am Deszendenten: Befreiung von Zwängen; Vertrauen in das Leben entwickeln; jeder lebt in seiner eigenen Realität, Realität ist relativ und daher eine Illusion.

Mögliche Entwicklungsschritte, die eine Veränderung bewirken können: Immer öfter etwas Chaotisches in das eigene Leben lassen; Spiritualität entdecken; Vorurteile in Frage stellen; sich immer wieder fragen, wem zuliebe unternehme ich etwas? - Dient der Zweck mir oder diene ich dem Zweck?...

Raum für eigene Gedanken, die sich nach Verwirklichung sehnen:

Der Aszendent Jungfrau im Entwicklungsprozess

Übung: Reise zur Kraftquelle

Höre dir dazu die beiliegende CD an.

Übung: match-mismatch

Dieses antrainierte innere Verhaltensprogramm bewirkt, dass du wahrnimmst, was in deinem Umfeld nicht gut läuft. Du wirst dadurch immer in einem Mangelgefühl feststecken und in ungute Gefühle kommen. Dein innerer kritischer Anteil wird nicht mehr konstruktiv, sondern destruktiv den Alltag kommentieren, und daraus resultiert eine tiefe innere Unzufriedenheit.

Wie aber dem entgegenwirken? Es gibt eine kleine Technik, die du ausprobieren könntest:

Versöhne dich mit deiner eigenen Minderwertigkeit, indem du deinen inneren Kritikanteil annimmst und fragst, was er eigentlich für dich Positives bewirken möchte. Was will er dich lehren? Das kann z.B. Selbstliebe sein oder Toleranz oder Geduld etc. Spüre nach, welches negative Gefühl normalerweise da ist, wenn du übermäßig kritisierst oder unzufrieden bist. Wo ist das Gefühl im Körper? Gehören ein innerer Satz oder Worte dazu?

Suche ein Foto von dir aus, auf dem du als kleines Kind abgelichtet bist, entweder aus der Babyzeit oder Kleinkindphase. Betrachte das jüngere Selbst von dir und schenke ihm all das Positive, das du soeben herausgefunden hast. Nimm dein jüngeres Selbst in den Arm und verwöhne es, liebe es, wie es zuvor noch nie geliebt wurde. Verzeih dir selbst und anderen und lass die Vergangenheit los. Du lebst jetzt, und jetzt hast du alle Möglichkeiten, deine Gefühle und deine Gedanken neu zu wählen. Begegne täglich deinem jüngeren Selbst über einen Zeitraum von mindestens drei Monaten hinweg. Nimm dir täglich ein paar Minuten Zeit, um dich zu erinnern, was du wirklich leben und fühlen möchtest.

Parallel dazu lade ich dich ein, ein Positivtagebuch zu schreiben. Täglich dokumentierst du in Kürze, was gut gelaufen ist, welche Geschenke du erhalten hast (z.B. ein Lächeln), welches Schnäppchen auf dich gewartet hat etc. Beobachte während dieser Zeit deine Gefühle. Wie verändert sich deine Wahrnehmung anderen und dir selbst gegenüber? Wie kommentierst du jetzt innerlich bestimmte Situationen? Wie geht es anderen Menschen mit dir? Evaluiere nach drei Monaten: Was ist besser, was schlechter geworden?

Übung: Anker setzen für Kreativität

Anker setzen ist eine einfache Technik, um schnell angenehme, unterstützende Ressourcen zu aktivieren. Ich beschreibe dir erst die Technik und die Hintergründe und dann kannst du dir selbst Anker setzen. Ein Anker ist ein abrufbares Gefühl, das du gespeichert hast und mit Hilfe einer Bewegung, eines Bildes, eines Musikstücks oder eines Duftes abrufen kannst.

Anker sind immer Auslöser, die bei dir positive oder einschränkende Gefühle hervorbringen. Beispiele für Anker: der Blick einer Person, die Geste einer Person, Stimmlage oder Worte einer Person, ein Musikstück, die Berührung an einer bestimmten Körperstelle, der Duft nach frischem Gras, kalte Hände, Wärme der Sonnenstrahlen etc.

Drei Faktoren sind beim Ankern bedeutungsvoll:

- Die Intensität des Gefühls sollte stark sein.
- Timing: Immer dann ankern, wenn das Gefühl am Stärksten ist.

- Die Wiederholbarkeit: Ein Anker kann immer wieder ausgelöst und verstärkt werden.

Beim Ankern kannst du im Prinzip nichts falsch machen. Wenn du einen Anker zu schwach setzt, dann wirkt er eben auch nur sehr schwach oder gar nicht. Wähle eine Körperstelle aus, an welcher du dir einen Anker setzen möchtest. Z.B. drückst du zwei Finger zusammen oder drückst mit einem Finger auf den Knöchel der anderen Hand oder ziehst dir leicht am Ohrläppchen.

Erinnere dich an einen Moment, eine Situation, in der du ganz kreativ warst. Gehe in Gedanken Schritt für Schritt durch diese Erinnerung, schau dich um, spüre, höre, rieche, was du hier riechen kannst, schmecke den Geschmack, der dazugehört. Tauche ganz in diese Erfahrung ein.

Am Höhepunkt der Erinnerung, wenn das Gefühl am Stärksten ist, drückst du deine Ankerstelle mit dem Druck, mit dem du später diese Gefühle auch wieder abrufen willst. Dann löse den Druck und wiederhole Punkt zwei noch drei Mal, so dass der Anker wirklich intensiv gesetzt ist. Du kannst natürlich auch im Alltag, wenn du gerade besonders kreativ bist, den Anker jederzeit verstärken und aufladen.

Test: Löse den Anker mit dem bestimmten Druck, den du gewählt hast, in einer Situation aus, in der du überhaupt keine Ideen zur Verfügung hast. Sei offen für das, was folgt und bewerte nicht. Denn wenn du schon vorweg auf ein bestimmtes Ergebnis wartest, dann verpasst du andere Alternativen, die mit Sicherheit mehr Lösungen beinhalten als deine vorgefertigte Erwartungshaltung.

Aszendent Waage – Deszendent Widder

Kraft spendend: Wir leben auf, wenn wir uns in Beziehung zu etwas und/oder zu Menschen setzen können, infolgedessen streben wir danach, Beziehungen herzustellen. Die Menschen um uns erleben uns daher als offen und zugänglich. Uns ist es gegeben, in der Welt für Ausgleich zu sorgen: ohne Unterlass stiften wir Harmonie. Am liebsten arbeiten wir mit anderen zusammen - wir brauchen Begegnung wie die Luft zum Atmen.

Verteidigungsstrategie und Kraftverlust: Deswegen ist für uns die Welt voller Begegnung und Beziehung. Wir würden uns verloren fühlen, wenn wir uns nicht daran festhalten könnten. Wir setzen alles daran, um in einem Miteinander zu leben, und stellen um jeden Preis einen Ausgleich her. Im Klartext heißt das, dass wir Konflikten aus dem Weg gehen, dass wir gerne anderen die Entscheidungen überlassen, dass wir keine Stellung zu einer Sache beziehen und dass wir uns in immerwährender Unentschlossenheit wiegen. Amen. Anstatt durch den eigenen Einsatz Harmonie herzustellen, bewegen wir uns lieber im Schein, der uns Harmonie vorgaukelt. Wenn wir allem aus dem Weg gehen, werden wir für die anderen zu jemandem, der austauschbar ist. Und daher beziehungslos.

Lernziel des Waage-AC ist die Integration des Zeichens Widder am Deszendenten: lernen, zu sich zu stehen; Mut zu haben, sich gegen andere zu stellen; sich abzugrenzen und Eigenständigkeit zu entwickeln.

Mögliche Entwicklungsschritte, die eine Veränderung bewirken können: Sich immer wieder fragen: Von welchen Menschen bin ich bestimmt oder sogar abhängig? Von wem oder was glaube ich, ohne es oder ihn nicht leben zu können und wieso? Bestimmte Zeiträume festlegen, die ich mit mir allein verbringen werde; Initiative ergreifen....

Raum für eigene Gedanken, die sich nach Verwirklichung sehnen:

✐ _____

_____

_____

_____

_____

_____

_____

Der Aszendent Waage im Entwicklungsprozess

Du bist der Schöpfer deiner Realität. Alles, was sich in deinem Leben ereignet, hast du dir durch deine Gedanken, deine Gefühle (Glücksgefühle, Angst, Neid, Liebe...), deine Erwartungen an dich selbst und an andere geschaffen. Du führst die Regie in deinem persönlichen Traum oder Alptraum. Du kannst lernen, dich aus der Opferhaltung zu lösen und aufzuhören, andere für dein Unglück verantwortlich zu machen. Denn die Anderen sind nur die Mitspieler in einem Stück, das du selbst geschrieben hast.

Übung: Fragenkatalog „Frei sein"

- Was brauchst du an Ressourcen, um mit anderen besser zurecht zu kommen?
- Wann gab es schon einmal Situationen, in denen du gut bei dir selbst und deinen eigenen Wünschen und Bedürfnissen bleiben konntest?
- Welche großen oder kleinen Auseinandersetzungen hast du gut gemeistert?
- Wie sind deine Körperhaltung und deine Stimme, wenn du dich abhängig fühlst?
- Wenn es eine Insel gäbe, auf der nur du bestimmst, welche Regeln würdest du aufstellen?

Übung: Angstskulptur auflösen

Spüre deine Angst (Angst, alleine zu sein, Angst vor Streit, Angst vor Verlust...). Bringe die Angst als Skulptur nach außen und male sie auf. Während du malst, werde dir bewusst, was dir deine Angst mitteilen will, welche Lernerfahrungen darin enthalten sind.

Lege dir deine Lieblingsmusik auf und bewege dich mit der Musik. Finde eine typische Bewegung, die zu den guten Gefühlen der Musik gehört. Mache diese typische Bewegung immer weiter und denke dabei an die Skulptur, die du gemalt hast. Führe die Bewegung weiter fort. Denke jetzt an etwas Neutrales und tanze weiter und summe oder singe zur Musik. Forme aus der Bewegung heraus eine neue Skulptur.

Male die neue Skulptur auf. Schreibe auf, welche Möglichkeiten in dieser neuen Skulptur enthalten sind.

Tanze noch einmal mit deiner neuen Skulptur, integriere sie an der Stelle, wo vorher die alte Skulptur war. Begegne nun in Gedanken Menschen, die in dir angstauslösende Mechanismen erzeugen oder zu denen sich der Zugang als schwierig gestaltet. Wie begegnest du diesen jetzt? Wie sind dein innerer Dialog, deine Körperhaltung, deine Stimme, deine Ausstrahlung? Was machst du zukünftig anders als bisher? Schreibe dir deine Erkenntnisse auf. In dem Film *Dune - Der Wüstenplanet* heißt es: Wenn du durch deine Angst hindurchgehst, bleibt am Ende nichts übrig, außer dir selbst.

Übung: Körperwahrnehmung

Ich möchte dir an dieser Stelle eine Übung aus dem Kundalini-Yoga vorstellen, mit der du in Kürze zu dir selbst kommen und eine umfassende Balance zwischen innen und außen, deiner rechten und linken Gehirnhälfte herstellen kannst. Auf diesem Wege kann eine innere Harmonie entstehen, die dich unterstützt, frei von jeglichen Abhängigkeiten zu sein.

Setze dich entspannt hin und atme tief durch.

Lege deinen rechten Zeigefinger auf deine Stirn, mit dem rechten Daumen verschließt du dein rechtes Nasenloch. Atme durch das linke Nasenloch ein.

Verschließe jetzt das linke Nasenloch mit deinem rechten Mittelfinger. Löse den Daumen und atme rechts aus. Atme durch das rechte Nasenloch ein.

Verschließe das rechte Nasenloch jetzt wieder mit dem Daumen der rechten Hand und löse den Mittelfinger so, dass du links ausatmen kannst.

Wiederhole dies mindestens für zwei Minuten, maximal so lange, wie es dir gut tut.

Noch einmal in Kurzform: Atme links ein. Atme rechts aus. Atme rechts ein. Atme links aus usw.

Manche Menschen machen diese Übung bis zu einer halben Stunde am Stück und erreichen damit vollkommene innere Zufriedenheit, Kraft und Mut.

Aszendent Skorpion – Deszendent Stier

Kraft spendend ist all das, was wir uns vorstellen können. Wir sind unschlagbar in der Welt des Geistigen und können jeden Gedanken, jede Idee bis zum allerletzten i-Tüpfelchen imaginär zu Ende bringen. Wir haben eine ganz genaue Vorstellung von dem, wie die Welt für uns zu sein hat. Und, wir binden uns daran! Das erklärt, warum wir unsere Meinungen und Prinzipien so klar vertreten und warum wir einem Menschen oder einer Sache in Treue (auf ewig) verbunden sind. Das ist unsere Stärke: mit schier unmenschlicher Energie Bündnisse aufrechtzuerhalten. Das kann große Opfer von uns erfordern, deswegen ist uns das „Sterben" sprich Loslassen auf scheinbar widersprüchliche Weise so vertraut. Instinktiv wissen wir, dass wir zu allem fähig sein können, sogar zu einem Neubeginn, der nichts mehr mit dem zu tun hat, was einmal war.

Verteidigungsstrategie und Kraftverlust: Unsere Welt muss perfekt sein, damit wir darin leben können – sie muss unsere Vorstellungen erfüllen. Da wir sie aber im Geiste in ihrer (auf uns bezogenen) Vollkommenheit erschaffen, und wir genau wissen, dass dies in der Realität ein Ding der Unmöglichkeit ist, versuchen wir erst gar nicht, etwas Bestimmtes ins Konkrete, sprich in die Welt der Materie zu setzen. Zuviel könnte schief gehen und mit etwas, das nicht annähernd unserer ursprünglichen Idee entspricht, geben wir uns nicht zufrieden. Kurzum, wir haben unsere Ideen und Vorstellungen, aber da lassen wir sie auch, denn sie würden nie unseren gedanklichen Bauwerken entsprechen. Etwas Unperfektes zu erschaffen käme einer totalen Niederlage gleich, denn wir identifizieren uns mit dem, das wir zum Dogma erklärt haben. Jetzt kommt der springende Punkt, der uns energetisch lahm legt, wenn wir nicht lernen, trotz der Unvollkommenheit konkret zu werden: Für uns ist es überlebenswichtig, etwas in die Welt zu setzen, das über unseren Tod hinaus von Bestand ist. Wenn wir vor lauter Perfektionismus nichts dergleichen zustande bringen, erlischt unsere Kraft Jahr für Jahr mehr.

Lernziel des Skorpion-AC ist die Integration des Zeichens Stier am Deszendenten: Sich der Welt trotz ihren Fehlern zu stellen; eigene Ideen für andere „greifbar" zu machen, indem sie in Materie transformiert werden; mit allen Sinnen genießen zu lernen.

Mögliche Entwicklungsschritte, die eine Veränderung bewirken können: Ideen umsetzen -> andere Prioritäten setzen, z.B. wenn die Idee zehn Schritte zur Umsetzung beinhaltet, dann trotzdem Schritt für Schritt vorwärtsgehen, um ein Gefühl für das Machbare zu bekommen; Fehler nicht als Niederlage bewerten, sondern als Erfahrung; mit dem Körper und seinen Sinnen „experimentieren"…

Raum für eigene Gedanken, die sich nach Verwirklichung sehnen:

✎ _____

_____

_____

_____

_____

_____

_____

Der Aszendent Skorpion im Entwicklungsprozess

Übung: Die Erwartungslatte niedriger stecken

Überlege dir einmal, wie hoch du deine Erwartungs-Messlatte dir selbst und anderen gegenüber steckst. Wenn die Latte zu hoch ist, kann sie nur unter schwierigen Umständen bis gar nicht erreicht werden. Ein großer Kraft- und Leistungsaufwand ist notwendig, um das hochgesteckte Ziel zu erreichen. So eine Haltung ist unweigerlich mit innerer Kritik an dir oder anderen verbunden. Und wir sind oft gnadenlos mit dieser inneren Kritik. In meinem Buch „Der Kaiserin neue Kleider" schreibe ich darüber, dass wir uns oft so verhalten, als hätten wir noch eine Kopie von uns im Schrank hängen. Überlege dir, wie oft du bewusst oder unbewusst deinem Körper und deinem Geist mit deinem hohen Anspruch Schaden zufügst. Du bemerkst die Konsequenzen vielleicht nicht gleich, doch früher oder später sträubt sich dein Körper dagegen und antwortet mit kleineren oder größeren Krankheitssymptomen. Wir loben uns meistens nicht selbst oder schenken uns liebevolle Worte, wenn wir etwas vollbringen. Je öfter es dir gelingt, in positiven Gedanken über Ergebnisse zu denken, umso einfacher wird es für dich sein, die Messlatte zu erreichen oder sie niedriger zu stecken und dich wie ein Schneekönig über den Erfolg zu freuen.

Fertige dir ein paar Skizzen mit Messlatten für verschiedene Lebensbereiche an. Eine über deine Erwartungshaltung bezüglich der Arbeit, eine über deine Beziehung, eine über Freundschaften, eine über dich selbst...

Erwäge, wie hoch die Messlatten im jeweiligen Bereich gelegt sind. Zeichne eine neue Messhöhe ein, die dir Spielraum lässt, aber dir noch ein gutes Gefühl gibt. Probiere aus, spiele damit und beobachte dich selbst, wie sich deine Gefühle und deine Haltung gegenüber Menschen und Situationen verändern. Es ist eine Lebenskunst, einen Zustand der Zufriedenheit zu erreichen. Sei geduldig mit dir.

Übung: Teilziele feiern

Wir leben in unserer schnell lebenden Zeit sehr häufig in zukünftigen Momenten, es wird geplant und dann umgesetzt. Die gedankliche Zukunft bringt dich dazu, immer schneller und besser zu werden. Das ist im Grunde eine tolle Fähigkeit. Wenn allerdings dadurch der Genuss und das Ankommen in Erfolgen schwierig bis unmöglich wird, dann hast du einen wesentlichen und wichtigen Teil von dir in der Vergangenheit vergessen, und es wird dir nur schwer gelingen, dich in deinen Erfolgen zufrieden zu fühlen und stolz auf das Vollbrachte zu sein.

Nimm dir Zeit, um kleine Erfolge angemessen zu feiern. Spüre dich im Moment des Ankommens. Erinnere dich an Zeiten, in denen dir das gelungen ist, vielleicht in deiner Kindheit, Teenagerzeit oder zu

Beginn der Lehre oder des Studiums. Vielleicht gelingt dir das Ankommen eher im privaten Bereich als im beruflichen oder umgekehrt.

Plane ganz bewusst nach dem Erreichen eines Zieles Zeit ein, um dich selbst zu loben, dich selbst zu belohnen mit etwas, das dir gut tut. Feiere mit Freunden oder alleine oder in der Natur, gehe ins Kino oder ins Theater oder tanze deinen Erfolg...

Schaffe dir Wahlmöglichkeiten! Die größte Erweiterung deiner Persönlichkeit ist ganzheitlich zu denken. Du bist mit dem, was du bereitslebst, nicht schlecht oder gut! Du bist Du! Und diesen Bereich gilt es zu erweitern und mit vielen zusätzlichen Möglichkeiten zu bereichern.

In meinen ganzheitlich orientierten NLP-Basis-Ausbildungen geht es im Wesentlichen darum, das eigene Spektrum zu erweitern. Indem wir uns selbst und die Welt durch unseren eigenen geprägten Wahrnehmungsfilter betrachten, haben wir oft keinen Zugang zu den enormen Fähigkeiten, die eigentlich in uns und um uns herum zur Verfügung stehen. Du kennst das sicher von dir selbst, wenn du zum Beispiel ein Baby erwartest, dann bemerkst du auf einmal überall schwangere Frauen oder Eltern mit einem Kinderwagen. Oder wenn du auf Ärger mit deinem Chef programmiert bist, dann erwartest du allzeit ein bestimmtes Verhalten des Chefs. Und du wirst fortwährend dasselbe Ergebnis bekommen, das du schon immer bekommen hast. Oder wenn du deine Küche neu planst, hast du deinen Fokus überwiegend auf Kücheneinrichtungen gelenkt. Deine Blicke sehen in erster Linie, wie andere z.B. ihre Küche gestaltet haben und in Prospekten stechen dir automatisch Küchen ins Auge. Wir vermuten die Wirklichkeit dort, wohin gerade unsere Aufmerksamkeit fokussiert ist.

Die Einladung an dich ist, dich für das Feld der Möglichkeiten zu öffnen, das sich dir bietet. Wenn du lernst, deine Aufmerksamkeit umzuschwenken, kommst du unweigerlich mit deinem gesamten Potenzial in Kontakt. Wenn es dir gelingt, selbst deinen Feind zu akzeptieren, dann bist du auf dem richtigen Weg, deine Lebensenergien so zu kanalisieren, dass sie dir unbegrenzt zur Verfügung stehen.

Übung: Vom Perfektionismus zu „Ich bin gut, ich bin zufrieden mit mir, ich darf Fehler machen."

Oft gibt es nur „Entweder – Oder", z.B. gebe ich auf oder muss ich Volldampf geben in Bezug auf Leistung, Anstrengung und Kampf?

Schreibe dir auf, womit du wirklich zufrieden mit dir bist!

Übung: Schnelle Gefühlsveränderung durch Hin- und Herhüpfen.

Diese Übung liebe ich ganz besonders. Sie bringt Bewegung und Spaß ins Leben und verblüfft durch ihre Effektivität.

Wähle eine innere Überzeugung von dir aus, die dich wirklich im Alltag behindert. Z.B. ich muss perfekt sein, ich stehe unter Strom, ich bin voller Druck etc. Spüre das Gefühl dazu und stelle dich instinktiv auf ein Bein.

Bestimme eine gegensätzliche positive Überzeugung, z.B. ich mag mich, ich bin gelassen, ich bin frei, ich kann loslassen etc. Stelle dich dazu auf das andere Bein.

Nun beginnst du langsam die beiden Sätze laut vor dich hin zu sagen und zwar kontinuierlich hintereinander, ohne Pause. Gleichzeitig hüpfst du auf das dazugehörige Bein.

Langsam beginnend wirst du mit dem Hüpfen anhaltend schneller, doch deine Sätze bleiben währenddessen deutlich hörbar. Das heißt, die Sätze stimmen irgendwann nicht mehr mit dem Bein überein und es kommt zu einem sogenannten Kollapsanker, der dich in neue Gefilde katapultiert. Das kann schon mal zwei Minuten oder länger andauern.

Du wirst merken, wann ein Wechsel stattgefunden hat. Instinktiv kommst du zur Ruhe und wartest, bis sich dein Organismus ganz beruhigt hat. Jetzt spürst du nach: Was ist anders? Welches Gefühl ist jetzt da? Welcher Satz gehört jetzt dazu?

Aszendent Schütze – Deszendent Zwillinge

Kraft spendend: Die Kraft fließt am meisten, wenn wir uns mit Dingen beschäftigen, die unseren Horizont erweitern. Wir sehen die Welt aus der Vogelperspektive, also erkennen wir die Welt in ihren Zusammenhängen. Für uns macht etwas Sinn, wenn wir es zu etwas Größerem zusammenfassen können. Wir definieren die Menschen daher nicht nach dem, was uns trennt, sondern was allen gemeinsam ist. Mit soviel innerer Größe ausgestattet, sind wir ganz in unserer Energie, wenn wir diese in unsere unmittelbare Umgebung mit voller Begeisterung einbringen können. Wir glauben an uns und an etwas, das größer als diese Welt ist ....

Verteidigungsstrategie und Kraftverlust: Wir erleben die Welt als einen riesigen Tummelplatz, in dem alle Menschen und Dinge ihren Sinn haben. Da es uns gegeben ist, die Dinge in ihren Zusammenhängen zu erkennen, geben wir uns ungern mit Kleinkram ab. Wieso sollten wir uns mit den Details beschäftigen, wenn wir eigentlich schon alles im Großen und Ganzen wissen? Allzu leichtgläubig halten wir uns für weise und begeben uns hoch zu Ross in die Welt, um ihr unsere Sichtweise nahe zu bringen. Das alleine wäre kein Frevel, wenn wir dabei nicht vergessen würden, dass jeder seine eigene Meinung behalten und äußern darf. Im Prinzip ist uns Toleranz in die Wiege gelegt worden, aber wenn wir von uns und unseren Meinungen so überzeugt sind, dass nur diese eine zählt, dann ist es mit der Toleranz schnell vorbei und übrig bleibt ein hochmütiger Missionar, der nur von sich selbst überzeugt ist und jedem seinen Stempel aufdrücken will. Je mehr wir versuchen und uns abstrampeln, um andere für uns zu gewinnen, desto mehr verlieren wir an Kraft.

Lernziel des Schütze-AC ist die Integration des Zeichens Zwillinge am Deszendenten: die Vielfalt von Meinungen und Perspektiven kennen zu lernen; neutral zu bleiben; sich echtes Wissen anzueignen; sich mit Einzelheiten abzugeben.

Mögliche Entwicklungsschritte, die eine Veränderung bewirken können: durch eigenes Handeln und Sein die anderen von sich überzeugen: Taten statt Worte!; echtes Annehmen seiner Mitmenschen und sich für deren Meinungen interessieren; man muss nicht immer weit verreisen, um seinem Bedürfnis nach Expansion zu entsprechen → in der eigenen Stadt / Gemeinde „verreisen" und sich so verhalten, als erlebe man gewisse Dinge zum ersten Mal. Oder sein eigenes Land bereisen. Sich intensiv mit einem Wissensgebiet beschäftigen....

Raum für eigene Gedanken, die sich nach Verwirklichung sehnen:

✎ _____

_____

_____

_____

_____

_____

_____

Der Aszendent Schütze im Entwicklungsprozess

Übung: Das Staunen des Kindes

- Wann hast du das letzte Mal wirklich über etwas gestaunt?
- Welches Gefühl gehört zum Staunen dazu? Wo im Körper spürst du dieses Gefühl?
- Wo in deinem Alltag brauchst du die Fähigkeit, staunen zu können?
- Was heißt für dich Zeit und Geduld mit dir selbst und anderen zu haben?
- Inwieweit hast du Vertrauen, dich führen zu lassen?
- Was bedeutet Macht für dich? Wie gehst du mit deiner Macht um? Wie erleben dich andere in deiner Macht?
- Welche Menschen kennst du, die die Fähigkeit der Geduld und des Entdeckens von Details haben? Finde heraus, was an dieser Fähigkeit positiv ist.
- Wird dir schnell langweilig? Wie merkst du, dass du dich langweilst? Wie gehst du mit deiner Langeweile um?

- Wie würdest du merken, dass du genug Zeit hast? Ein Kind kann zum Beispiel stundenlang mit derselben Tätigkeit verbringen und dabei ständig etwas Neues entdecken.
- Wann warst du das letzte Mal in der Natur und hast bewusst an einem Ort verweilt, um alle Details in dich aufzunehmen?

Kreis gehen (Übung aus dem Indianischen)

1. Wähle eine Negativ-Spirale, in die du dich immer wieder hineindrehst.
2. Wähle das Gegenteil dazu, die Positiv-Spirale.
3. Finde einen Platz in der Natur, an dem du ungestört bist.
4. Denke an die Negativ-Spirale und gehe einen Kreis gegen den Uhrzeigersinn für ca. fünf Minuten.
5. Denke an die Positiv-Spirale und gehe genauso einen Kreis, aber im Uhrzeigersinn für ca. fünf Minuten.
Begehe den Kreis groß genug, so dass du kraftvoll und sicher gehen kannst.
6. Spüre der Veränderung deines emotionalen Zustandes nach.

Übung: Polaritäten zusammenführen, Nähe-Distanz

Jedes Verhalten hat eine positive Absicht, das sich in einem Sekundäreffekt offenbart. Das heißt, dass alles, was du tust, dir einen Nutzen bringt, der sich jedoch verborgen hält. Wenn du Anteile in dir hast, die sich scheinbar widersprechen, so sind wahrscheinlich die positiven Aspekte der jeweiligen Qualität verloren gegangen. Du hast vielleicht das Gefühl, dass es ausschließlich die eine oder die andere Möglichkeit gibt. Nun gilt es, diese dich unterstützenden Kräfte neu zusammenzuführen. Sie können sich neu verknüpfen, auf dass du dein Potenzial ganz leben kannst. Es ist wie eine innere Versöhnung mit dir selbst.

Unter diesem Aspekt der Wahrnehmung gestaltet sich die folgende Übung, zu der du drei Blätter und Farbstifte, Ruhe und Zeit für dich selbst benötigst.

1. Male auf das erste Blatt ein Symbol, das für Nähe steht. Werde dir aller Gedanken, Gefühle und Verhaltensmuster bewusst, die zur Nähe dazugehören und schreibe sie auf.

2. Male auf das zweite Blatt ein Symbol für Distanz. Werde dir aller Gedanken, Gefühle und Verhaltensmuster bewusst, die dazugehören und schreibe sie ebenfalls auf.

3. Nun überlege dir, was die positive Absicht der Nähe ist. Was will die Nähe im besten Sinne für dich? Was sind die dich unterstützenden Lernerfahrungen, die sich im Zustand von Nähe offenbaren? Z.B. Liebe, Geduld, Verbundenheit, Geborgenheit...

4. Denke darüber nach, was die positive Absicht der Distanz ist. Was bringt sie dir? Was hast du davon, dich zu distanzieren, von Menschen, Situationen, eventuell sogar von dir selbst? Z.B. Schutz, Ruhe Entspannung...

5. Nun bittest du deine Kraftquelle zu deinem höchsten Wohl, all diese positiven Aspekte der Nähe und der Distanz zu einem neuen, dich unterstützenden Symbol zusammenzufügen. Gib deiner Kraftquelle dafür zwei Minuten Zeit. Währenddessen gehst du zum Fenster, blickst aus ihm heraus und entdeckst draußen verschiedene Farben, lauschst den Geräuschen der Umgebung, riechst ganz bewusst die Luft und machst ein paar tiefe Atemzüge.

6. Danach gehst du zu deinem dritten Blatt und malst das neue Symbol auf, das aus all den positiven Aspekten von beiden Seiten entstanden ist. Überlege nicht, gönne deinem Verstand eine Pause und male es intuitiv.

7. Betrachte dieses dritte Symbol: Was lösen die Farben und die Form des neuen Symbols bei dir aus? Was verbindest du mit der neuen Kreation? Spüre die Gefühle, die dazugehören, ganz bewusst. Lege die Hand dort hin, wo du am meisten spüren kannst.

8. Dann nimmst du in Gedanken das neue Symbol in deine Hände. Mit deinen Händen holst du mit einer weitläufigen Geste über deinem Herzen dieses neue Symbol in dich hinein. Nimm dir Zeit, um dies mit all deinen Sinnen anzunehmen. Stell dir vor, dass das Symbol in jede Zelle deines Körpers strömt, sich mit dem Raum zwischen den Zellen verbindet und dir mit all seinen Botschaften zur Verfügung steht.

9. Komm wieder mit der Aufmerksamkeit in den Raum zurück und schreibe auf, welche neuen Verhaltensmöglichkeiten dir von nun an zur Verfügung stehen. Eventuell ist aus dem Zusammenfluss der positiven Absichten eine distanzierte Nähe entstanden oder eine nahe Distanz. Vielleicht aber auch eine innere Ruhe, Gelassenheit oder Freiheit, die es dir ermöglicht, noch klarer deine Zukunft so gestalten zu können, dass sie deinem wahren Wesen entspricht.

10. Wenn du jetzt Zeit hast, dann mache einen kleinen Spaziergang. Nimm bewusst wahr, wo sich überall in der Natur Nähe und Distanz bereichern oder wo du die neu entdeckten Ressourcen im Außen beobachten kannst.

Übung: Universum, fokussieren – defokussieren

Bitte lies dir zuerst den gesamten Übungsablauf durch, weil die Augen während der gesamten Übung bedeckt bleiben.

1. Setze dich bequem hin und reibe deine Hände ganz fest aneinander. Lege sie auf deine Augen. Die Hände ruhen während der ganzen Übung auf den Augen.

2. Nimm in diesem Augenblick deine Hände wahr. Lass deinen Blick weich werden.

3. Stell dir nun vor, du könntest durch die Hände bis zu den Mauern des Raumes, in dem du dich aufhältst, hinausschauen.

4. Der Blick geht weiter, über das Haus hinaus, in die Landschaft und bis an die Stadt- oder Dorfgrenze. Noch weiter bis zur Landesgrenze, über Kontinente, zur Erdatmosphäre und tief ins Universum hinein. Vorbei an Mond und Sonne, zu den Planeten und von dort ins Sternensystem.

5. Jetzt ziehst du den weiten Blick langsam wieder zurück und bewegst dich in deiner Wahrnehmung auf dem gleichen Weg in die entgegengesetzte Richtung. Vom Sternensystem zu den Planeten, zur Erdatmosphäre, zu den Kontinenten, zum Land, in dem du lebst, zur Stadt- oder Dorfgrenze, zur Landschaft, zum Haus und in den Raum, in dem du sitzt.

6. Du spürst deine Hände und deine Augen, löst die Hände von den Augen und schaust dich in deinem Hier und Jetzt um.

7. Wie schaust du jetzt? Welches Gefühl taucht in dir auf?

Übung: Assoziieren – Dissoziieren

(Siehe auch Kapitel 1.2 Der Aszendent Widder im Entwicklungsprozess „Die vier Positionen")

Unsere Zustände beeinflussen unsere Fähigkeiten. Wenn du assoziiert bist, dann bist du mitten im Geschehen, du bist absolut präsent und ganz bei dir. Wenn du dissoziiert bist, dann bist du unbeteiligt, nicht in Kontakt mit dir selbst und betrachtest die jeweilige Situation, in der du dich gerade befindest, und dich selbst als Beobachter/in von außen.

Assoziation und Dissoziation sind zwei grundlegende Arten, die Welt zu erleben. Beide Arten sind gut. Es ist nur wichtig, hier zu lernen, wann du dich in Assoziation und wann in Dissoziation begeben willst. Wann ist es gut, im Tun aufzugehen, und wann ist es besser, dich zu distanzieren.

Als Faustregel gilt: Assoziiere dich in positive Gefühle und angenehmen Situationen und dissoziiere dich von unangenehmen. Alles, was dir Freude bereitet, erlebe besser im assoziierten Zustand, ganz in dir. Alles, was dich einschränkt, wie Krankheit, Streit, Ärger etc., nehme vom dissoziierten Zustand aus der Beobachterperspektive wahr. Du kannst insbesondere als Beobachter Alternativen entwickeln, wenn du momentan feststecken solltest. Beispiele in der Umgangssprache:

Für assoziiert sein : „Ich kann nicht aus meiner Haut", „Ich stecke fest", „Ich drehe mich im Kreis", „Ich gehe auf in dem, was ich tue", „Ich weiß gar nicht, wo meine Zeit bleibt", „Ich mache gerade Englisch", etc. Du sprichst aus dem Hier und Jetzt und aus deiner augenblicklichen Erfahrung heraus. Du spürst dich angenehm oder unangenehm.

Für dissoziiert sein: „Ich stehe neben mir", „Ich spüre mich nicht", „Ich behalte immer die Zeit im Blick", „Ich kann mich gut raus-

nehmen", „Ich stehe über den Dingen", „Ich habe den Überblick",
etc. Du siehst dir selbst zu, wie du handelst, du kommentierst dein
Verhalten manchmal sogar gleichzeitig, während du noch im Wirken bist.

Übung: Apfel

Führe diese Übung gemeinsam mit einer dir angenehmen Person
aus. Setzt euch in einem Abstand von 3-4 Metern gegenüber hin.
Schaut euch ohne zu sprechen genau an und registriert die Körperhaltung, den Gesichtsausdruck, die Körpergröße, die Statur eures
Gegenübers.

Nun schließt die Augen. Stell dir vor, du hältst einen Apfel (oder
eine andere Frucht oder ein Gemüse) in deinen Händen. Welche
Farbe hat der Apfel? Wie fühlt er sich an? Ist er leicht oder schwer,
glatt oder rau? Wie riecht dein Apfel? Wie schmeckt dein Apfel,
wenn du eben in Gedanken ein Stück abbeißt?

Stell dir vor, dass du in Gedanken aufstehst, den Apfel in den Händen hältst und zusiehst, wie dein anderes Selbst zu deinem Gegenüber hingeht und den Apfel in seine / ihre Hände legt. Beobachte
dein dissoziiertes Selbst ganz genau: wie sind Gang, Körperhaltung,
Bewegungen, Kopfhaltung, Gesichtsausdruck?

Stelle dich in Gedanken hinter oder neben dein Gegenüber und
schlüpfe in die Gestalt deines Gegenübers hinein. Sage dir den Namen der Person innerlich vor: „Ich bin jetzt ....Hans / Erika..."
und verhalte dich so, als ob du wirklich diese Person wärst.

Als diese Person spürst du just den Apfel in deinen Händen. Wie
sieht er jetzt aus? Wie leicht/schwer liegt er jetzt in der Hand? Wie
riecht der Apfel und wenn du abbeißt, welchen Geschmack nimmst
du wahr?

Schau rüber zu deinem anderen Selbst, das dir gegenübersitzt. Wie
siehst du dich selbst durch die Augen der anderen Person? Was fällt
dir auf?

Bedanke dich und steige wieder aus Hans/Erika, oder wer immer du gerade gewesen bist, heraus. Sieh deinem dissoziierten Selbst zu, wie es sich daneben hinstellt und den Apfel zurücknimmt.

Beobachte dein dissoziiertes Selbst, während es zurückgeht und in dich selbst hineinsteigt, um mit dir zu verschmelzen.

Spüre dich und wenn du magst, kannst du im Moment noch einmal selbst in Gedanken von dem Apfel abbeißen, um den Unterschied zu deinem Gegenüber zu verdeutlichen.

Tauscht euch über die Erfahrung aus: Was war leicht, was eher schwierig?

Wenn es dir leichtfällt, dich selbst mit dem Apfel zu erleben, dann kannst du gut assoziieren. Wenn es dir leichtfällt, dich als andere Person beim Rübergehen vorzustellen, dann kannst du gut dissoziieren. In der anderen Person zu sein, heißt assoziiert im anderen, aber dissoziiert von dir selbst zu sein. Das heißt, du erlebst die Welt und dich selbst durch die Augen deines Gegenübers.

Das kann manchmal sehr hilfreich sein, wenn du selbstherrlich etwas behauptest, von dem andere nicht so begeistert sind. Denn dadurch kannst du dich selbst reflektieren und dein Handlungsspektrum erweitern. Wir sind eben gelegentlich doch nicht so elegant und edel, wie wir von uns selbst glauben es zu sein!

Wenn es dir leicht fällt, von dir und von der anderen Person dissoziiert zu sein, dann hast du die Gabe, dich gut herausnehmen und Gesamtzusammenhänge beobachten zu können. Jede Wahrnehmungs-position bringt Vorteile im jeweiligen Kontext. Überlege dir, in welchen Situationen du diese unterschiedlichen Fähigkeiten gebrauchen kannst und übe sie.

Aszendent Steinbock – Deszendent Krebs

Kraft spendend: Wir erhalten Energie, wenn wir uns in allem Zeit lassen, um es in sich stabil zu erleben. Dazu ist eine Ordnung von Nöten, die uns als Gabe in Form von Strukturierung zur Verfügung gestellt wurde. Wir beschränken uns auf das, was wesentlich hierfür ist, auch wenn wir uns damit selbst beschneiden. Wir gestehen uns nie mehr zu, als wir anderen zugestehen. Für uns ist es ein Muss, überall Strukturen und Regeln aufzustellen und diese konsequent zu befolgen.

Verteidigungsstrategie und Kraftverlust: Für uns ist die Welt in zwei Kategorien erlebbar: in Struktur und Ordnung. Damit erreichen wir das Unerreichbare, und würzen es zudem mit einer saftigen Portion Selbstbeschränkung. Aufgeben liegt uns nicht, und so legen wir uns mächtig ins Zeug, um es zu erreichen. Wir gehen mit Disziplin an die Sachen heran und ziehen sie mit aller Strenge und hohem Ehrgeiz durch. So als würde jemand mit einer Peitsche hinter uns stehen und uns derartig antreiben, dass wir allem entsagen, das uns nach Zeitvertreib aussehen lässt. Ja, letztendlich gewinnen Konventionen und gesellschaftliche Normen die Oberhand über uns, und unsere Verhaltensweisen werden zunehmend starrer. Das Leben wird zur reinen Pflichterfüllung. Derartiger Leistungsanspruch gepaart mit unkritischem Hinterfragen, wie wir zu sein haben, lässt unseren Lebenssaft in den Adern gefrieren.

Lernziel des Steinbock-AC ist die Integration des Zeichens Krebs am Deszendenten: Lebendigkeit und Gefühle zulassen; Selbstbestimmung anstatt sich selbst zu beschränken; Stimmungen nachgeben; sich von der Welt berühren lassen.

Mögliche Entwicklungsschritte, die eine Veränderung bewirken können: für sich rausfinden → wo ich noch und wieder unbeschwerter sein könnte, und dieses zulassen; wo ich für Unordnung sorgen kann; sich einen zeitlichen Raum bewahren, der von Pflichten und Verantwortung nicht festgelegt ist; wo ich wieder für mich selbst sorgen möchte...

Raum für eigene Gedanken, die sich nach Verwirklichung sehnen:

Der Aszendent Steinbock im Entwicklungsprozess

Beliefs sind Überzeugungen und/oder Glaubenssätze, die geprägt sind durch intensive Gefühle und Lebenserfahrung. Sie entstehen durch Beobachtung und Nachahmung, z.B. wie Kinder, die ihre Eltern oder Lehrer beobachten. Sie entstehen durch stark emotionale Situationen des Alltags, die einen beeinflusst haben. Manchmal positiv und manchmal einschränkend. Sie werden geprägt durch die Gesellschaft, in der wir leben, durch unsere Kultur, durch Fernsehen und Bücher. *Nach deinen Werten richtest du dein Leben aus und deine Beliefs lassen diese Werte lebendig werden.*

Ich nehme leicht ab oder ich nehme schwer ab - mein Leben ist ein Jammertal, mein Leben ist ein einziger Glücksmoment - das gelingt mir nie - ich muss immer die Verantwortung übernehmen - Liebe heißt Schmerz erleiden zu müssen und enttäuscht zu werden - ich bin nie gut genug...

Werde dir deiner Glaubenssätze, die dich einschränken, bewusst, und dann kannst du sie mit Hilfe der nächsten Übung entmachten und dir so neue Ressourcen aus deinem Unterbewusstsein aktivieren.

Übung: Eigene Belief-Liste erstellen

Was glaubst du über dich selbst, deine Situation und über andere Menschen in den folgenden Bereichen?

Beziehung
Familie, Kinder, Eltern
Arbeit
Gesundheit
Krankheit
Freunde
Natur

Spiritualität
Körper
Sex
Geld, Reichtum
Andere Länder und Kulturen
Erfolg
Lernen

Übung: Bilderklatschen

Für diese Übung brauchst du die Fähigkeit, dich dissoziieren zu können und deine Kraftquelle mit all ihren Untereigenschaften (Submodalitäten). Submodalitäten/Untereigenschaften sind Zauberworte, die eine Repräsentation lebendig werden lassen.

Visuelle Zauberworte: glitzern, hell, dunkel, leuchten, strahlen, klar, verschwommen, glänzen, rot, weiß,...

Auditive Zauberworte: rauschen, still, leise, laut, plätschern, zwitschern, klingen, schrill,...

Kinästhetische Zauberworte: warm, weich, fließen, strömen, pulsieren, prickeln, fest,...

Olfaktorische Zauberworte: frisch, blumig, würzig, alle Düfte, süß,...

Gustatorische Zauberworte: frisch, süß-sauer, salzig, bitter, würzig, scharf, mild, alle Geschmacksnuancen,...

1. Stelle dir deine Kraftquelle mit all ihren Untereigenschaften vor: Farbe, Licht, Geräusche, Temperatur, Bewegung, Duft und Geschmack. Sehe dich selbst inmitten deiner Kraftquelle, umhüllt von all den Qualitäten und Ressourcen, die dazugehören. Wo im Raum siehst du dich in deiner Kraftquelle? Wie groß ist das Bild? Was glaubst du hier über dich, über andere, deine Arbeit, die Welt...? Verdreifache die Intensität deiner Kraftquelle dadurch, indem du diese Absicht laut aussprichst und dir dann das verstärkte Bild vorstellst.

2. Stelle dir eine Situation vor, in der ein einschränkendes Belief dein Handeln bestimmt. Wo im Raum siehst du dich in dieser Si-

tuation? Vor dir, links von dir, rechts oben,...? Wie sind die Farben, das Licht und die Bewegung? Welche Geräusche, Stimmen gehören dazu? Sind sie laut oder leise? Schnell oder langsam? Wie ist die Temperatur in dieser Situation? Erstarrst du eher oder bist du hektisch? Welcher Geruch und welchen Geschmack verbindest du mit dieser Situation? Wie groß ist dieses Bild? Was glaubst du hier über dich, über andere, deine Arbeit, die Welt...?

Willst du das unangenehme Gefühl, das zu 2. dazugehört, wirklich verändern? Spüre bewusst die Entscheidungshaltung, ein inneres Ja, das du dir selbst gibst, um diese Veränderung geschehen zu lassen.

3. Bringe nun in deiner Vorstellung im Raum vor dir beide Bilder übereinander, die Kraftquelle steht über der einschränkenden Situation. Nimm deine beiden Hände, so dass die rechte Hand (Handfläche zeigt nach unten) oben die Kraftquelle hält und die linke Hand mit der Handfläche nach oben das untere Bild hält.

4. Du bringst jetzt die Ressourcen und Möglichkeiten deiner Kraftquelle dorthin, wo du sie brauchst, nämlich in die untere Situation. Dazu stellst du dir vor, dass die ganzen Eigenschaften deiner Kraftquelle von oben nach unten zu fließen beginnen, wie ein sanfter Sommerregen. Die Farben und das Licht, die Geräusche und die Temperatur, das Gefühl, der Duft, der Geschmack deiner Kraftquelle breiten sich aus in die untere Situation. Beobachte, was diese Eigenschaften in der unteren Situation bewirken. Dann klatschst du laut beide Hände zusammen, so dass deine beiden Selbst vollständig miteinander verschmelzen. Beachte, dass der Transfer nur in eine Richtung geht, immer von der Kraftquelle in die jeweilige Situation, die du verändern möchtest.

5. Test: Spüre nach, was sich in dir verändert, welche Gedanken in dir aufsteigen, welche Ideen entstehen.

6. Schreibe dir auf, was du jetzt über die vorherige Situation glaubst. Welche Handlungsalternativen stehen dir nun zur Verfügung?

7. Spiele zukünftige Situationen durch, in denen du glaubst, diese Alternativen brauchen zu können. Wie werden diese Situationen

jetzt ablaufen? Wie wirst du sie mit deinem Potenzial gestalten, so dass sie für alle Beteiligten positiver ausgehen können?

Wichtig: Die Kraftquelle muss stärker sein als die negative Situation!

Übung: Mit dem Baum atmen

Gehe hinaus und finde einen Baum, der dich anzieht. Nimm den Baum mit all deinen Sinnen wahr. Schau dir genau die Form des Stammes, der Zweige und Blätter oder Blüten an. Fass ihn an und spüre die Rinde des Baumes. Lehn dich an ihn und lausche in den Baum hinein. Höre, wie sich der Baum im Wind bewegt. Rieche an ihm, atme tief seinen Geruch ein. Schmecke diesen Duft bewusst in deinem Mund. Nimm den Rhythmus des Baumes wahr. Atme mit ihm, in dem du deine Arme seitlich ausstreckst und beim Einatmen nach oben führst, und vorne beim Ausatmen an deinem Körper wieder herabsinken lässt. Führe dies mehrere Minuten lang durch, so lange, wie du dich wohlfühlst. Spüre deinen Stand und deine Verwurzelung in der Erde.

Übung: Fülle erleben

Wähle einen Gegenstand aus deinem Besitz, z.B. einen Ring, einen Kochlöffel, ein Stück Stoff,...

Nimm diesen Gegenstand in deine Hände. Schau ihn ganz bewusst an, lass ihn durch deine Finger gleiten. Gehört ein Geräusch dazu? Ist der Gegenstand hart oder weich, glatt oder rau, kühl oder warm? Wie riecht er, welcher Geschmack gehört dazu? Erweitere dich selbst durch die volle Sinneswahrnehmung. Geh in Gedanken zum Ursprung des Gegenstandes zurück. In welcher Umgebung befand sich der Ursprung, in welchem Land? Durch wieviele Hände ist dieser Gegenstand gegangen, bevor du ihn bekommen hast? Wer hat diesen Gegenstand bearbeitet, geformt, bemalt, verkauft, etc.? Diese Menschen haben dazu beigetragen, dass der Gegenstand in seiner Einzigartigkeit zu dir kommen konnte. Je öfter du das machst, um so mehr verfeinert sich deine Wahrnehmung. Du wirst vielleicht dankbarer und achtsamer mit deinem Besitz umgehen. Wenn du dir etwas Neues anschaffst, bist du vermutlich in deiner Auswahl aufmerksamer.

Die Geschichte vom Steinbock

Es lebte einmal ein Steinbock im Tal des Vergessens. Er hatte vergessen, dass er eine wilde Ziege war, die nur im Hochgebirge lebte. Er hatte vergessen, dass er im Rudel auf bis zu 5000m Höhe gesellig lebte. Vergessen hatte er, dass er der Hüter der kosmischen Gesetzmäßigkeiten war. Seine Verbindung mit dem Gott der Lebenszyklen leugnete er vehement. Er wusste nicht mehr, dass er für die Erfüllung des Schicksalsplans, des Karmas und den Herausforderungen des Lebens zuständig war. Jeden Tag graste er einsam vor sich hin und kümmerte sich um nichts. Eines Tages fiel ihm beim Grasen eines besonders schmackhaften Halms ein Kolibri auf. Klein, schillernd, bunt und fein schwebte er in der Luft vor einer wunderschönen Blüte. Der Kolibri mit der Sonne im Herzen, der Liebe und der Magie seiner Farben, fähig die Augen für die Juwelen im Herzen zu öffnen, surrte eifrig dahin. Der Steinbock fühlte sich in seiner Ruhe gestört. Er kannte nicht die Lehren des Kolibris, die besagt, immer das Bestmögliche zu geben, sich seiner Worte und Taten stets bewusst zu sein, das Wissen, dass alles im Kleinsten enthalten ist und das Kleinste manchmal das Größte sein kann.

Der Steinbock sagte: „Wo kommst du denn auf einmal her, kleiner Vogel? Das hier ist mein Tal, habe ich dir überhaupt erlaubt hier zu trinken?" Der Kolibri strahlte ihn an und antwortete: „Aber Steinbock, ich bin doch jedes Jahr hier. Ich komme regelmäßig aus einem anderen Land hierher in dieses Tal! Du warst in den letzten Jahren zu engstirnig, um mich zu bemerken." „Ich und engstirnig!", regte sich der Steinbock auf, „Das will ich mir aber verbitten! Ich bin immer gerecht zu den Besuchern des Tales. Hier macht mir keiner so schnell etwas vor, ich kenne mich hier aus! Und darum gelten hier auch meine Regeln!"

„Ach, Steinbock, Regeln, Regeln, Regeln; es gibt keine wirkliche Gerechtigkeit. Sie wird immer nur so gerecht sein, wie du die Welt, in der du lebst, wahrnimmst. Meine Gerechtigkeit basiert auf Liebe, deine auf Macht! Alleine deswegen gibt es nicht die einzige Art. Hast du vergessen, dass es in deinem Herzen noch einen Raum gibt, den Herzensraum?"

„Herzensraum", brummte der Steinbock, „was soll denn das sein?"

„In deinem Herzensraum kannst du dich mit der göttlichen Substanz des Universums verbinden, Zugang zu dem bekommen, was und wer du wirklich bist", antwortete der Kolibri.

„Ich weiß schon wer ich bin und was ich kann!", schnaubte der Steinbock empört. „Dazu brauche ich keine Belehrungen!"

Sanft erwiderte der Kolibri: „Hör zu, Steinbock, du bewegst dich immer nur hier in diesem Tal hin und her. Was weißt du schon von anderen Orten und Fähigkeiten? Es gibt so viel mehr als dieses Tal, und das weiß ich, weil ich mit 150 Stundenkilometern durch die Welt düse und dadurch viel beobachten und aufnehmen kann!"

„So weit und so schnell kannst du fliegen?", staunte der Steinbock. „Ja", sagte der Kolibri, „und ich begegne auf meinen Reisen vielen Ziegen deiner Art und niemand außer dir lebt allein in einem einsamen Tal! Die anderen leben in Rudeln, spielen und hüpfen miteinander hoch oben auf den Berggipfeln herum." Der Steinbock wurde still. Er überlegte: „Mehr als dieses Tal? Berge? Rudel? Andere Ziegen? Göttliche Weisheit? Aber hier in meinem Tal bestimme ich, ich kenne mich aus, wozu brauche ich mehr?" Doch diese Gedanken ließen ihn nicht mehr los. Er war neugierig geworden.

Am nächsten Tag bat er den Kolibri, ihn hinauf auf den Berg zu führen. Er wollte auch diese anderen Landschaften entdecken, diese anderen Ziegen kennen lernen und dabei mehr über sich selbst erfahren.

Und so zogen sie gemeinsam los. Während der Kolibri sich leicht durch die Lüfte gleiten ließ, stapfte der Steinbock über Stein und Geröll stets höher den Berg hinauf. Er stellte fest, dass er zwar nicht so schnell wie der Kolibri war, aber mindestens genauso ausdauernd. Er spürte seine Kraft, er gewann immer mehr an Sicherheit und lernte, seinen Hufen zu vertrauen, die immer den richtigen Tritt und Halt fanden. Während des Kletterns erinnerte er sich an unterschiedliche Bewegungen, an den Ausblick hoch oben am Berg, an die Klarheit seiner Gedanken und an seine Fähigkeit, konzentriert bei der Sache zu bleiben. Er liebte die vielen unterschiedlichen Düfte, die ihn auf seiner Wanderung begleiteten und er genoss die unterschiedlichen Temperaturen der Luft auf seinem Fell. Das frische Wasser der Bergbäche schmeckte viel reiner als sein Wasser im Tal. Und der Klang seiner Hufe veränderte sich ständig durch den wechselnden Untergrund, auf dem er sich bewegte. Dadurch bemerkte der Steinbock gar nicht, dass sich hinter ihm immer mehr Bergziegen versammelten und mit ihm zogen. Durch seinen bestimmten Tritt angeregt, schlossen sich viele andere seiner Art ihm an. Der Kolibri beobachtete dies alles von oben und freute sich für den Steinbock. Dieser hatte die Entwicklung und die Lebendigkeit um sich herum noch gar nicht registriert. Er war ganz auf die Führung des Kolibris konzentriert, und so lenkte er unbewusst die ganze Herde über den hohen Berggipfel in ein wunderbares weites Hochtal. Hier blühten bunte Blumen und das Grün der Wiesen leuchtete in der Abendsonne. Der Steinbock staunte. Er hüpfte fröhlich weiter. Als er den Kopf erhob, bemerkte er plötzlich die anderen Ziegen. Der Steinbock stellte fest, dass sie ihn weder störten noch einschränkten in seiner neu gewonnenen Freiheit. Es war sogar so, dass er leise Freude darüber empfand, so viele neue Freunde zu haben. Dann beobachtete er, wie der Kolibri zum Ende des Tales flog. Der Steinbock folgte ihm mit seiner Herde, bis sie zu einer Höhle kamen. Sie tasteten sich mit vorsichtigen Tritten ins Innere der Höhle vor. Hier war es finster und angenehm kühl. Leise Klänge durchzogen den Raum. Wassertropfen fielen von der Decke und erzeugten ein feines Pling-Pling-Plong. Dies wirkte sehr entspannend und der Steinbock und seine Herde kamen zur Ruhe. Sie träumten von ihrer göttlichen Verbindung zu Mutter Erde. Und im Traum reisten sie bis zum Mittelpunkt der Erde und spürten die allumfassende Liebe der göttlichen Mutter in sich. Sie reisten weiter ins Universum und verbanden sich hier mit der tiefen Liebe des göttlichen Vaters. Und dann erinnerte sich der Steinbock. Sein Herz quoll über vor Liebe. Er spürte diese mächtige Energie seines Herzens und die bedingungslose Liebe göttlicher Substanz in sich. Die Liebe dehnte sich weit über sein Herz hinaus aus und hüllte ihn gänzlich ein. Er wurde sich wieder seiner Spontaneität und Intuition gewahr. Er spürte die vielen Möglichkeiten, die in ihm schlummern und wusste plötzlich mit absoluter Gewissheit, was er als nächstes Abenteuer wählen würde.

Ich weiß nicht, was er als Nächstes gewählt hat und ich weiß nicht, mit wem er es leben wird, und ich weiß nicht, wann er zuerst bemerken wird, dass alles, was er braucht um glücklich zu sein, ganz allein in ihm selbst liegt.

Übung: Remembering

Erinnere dich an deine Kindheit. Welche Spiele hast du gespielt? Welche Geschichten, Bücher, Spiele, Freunde haben dir Leichtigkeit vermittelt? Was hat dir als Kind wirklich gut getan?

Wenn du in deiner Erinnerung noch zu sehr an schlimmen Gedanken festhältst, dann gibt es im NLP eine Vorannahme, die dich wirklich unterstützen kann, den herkömmlichen Überzeugungen zu verzeihen und sie loszulassen: *„Jeder Mensch tut zum jeweiligen Zeitpunkt das Beste, das er oder sie kann."*

Das bedeutet, dass jeder immer sein Optimum gibt, auch wenn es in manchen Situationen sehr dürftig zu sein scheint. Mehr geht nicht. Auch wenn du der Überzeugung bist, dass dies nicht ausgereicht hat, so mache dir bewusst, dass eine bestimmte Person nichts Besseres zur Verfügung hatte. Das macht die Vergangenheit nicht ungeschehen, doch diese Überzeugung kann wesentlich zur Entspannung der Lage beitragen. Denn du schleppst diese Gedanken und einschränkenden Erfahrungen mit dir herum, niemand sonst. Und nur du kannst dich davon lösen. Es wird niemand kommen und sagen „Ich mach das für dich". Diese Zeit ist vorbei. Nur du kannst den Versöhnungsprozess gestalten. Und auf dich wird er positive Rückwirkung haben. Es geht darum, von der Vergangenheit in die Gegenwart zu kommen und herauszufinden, was dich in deinem heutigen Leben tatsächlich unterstützt und bereichert. Dies ist allerdings ein Prozess, gib dir Zeit und sei geduldig. Eine Blume ist auch nicht von heute auf morgen voll erblüht, sie wächst und entfaltet sich langsam.

Übung: Verzeihen und loslassen im Steinkreis

Überlege dir, von was du dich verabschieden möchtest. Dies kann ein Verhalten sein, ein Gedanke oder eine Person.

Geh in die Natur und finde Steine und einen ruhigen Ort, um einen Steinkreis zu legen, in dessen Mitte du dich stellen kannst.

Definiere die vier Himmelsrichtungen. Lege deine Hände auf Höhe deines Herzens aneinander. Verneige dich nach Süden und bedanke und verabschiede dich in Frieden mit einer kleinen Verbeugung. Verneige dich nach Westen und bedanke und verabschiede dich in Frieden mit einer kleinen Verbeugung. Verneige dich nach Norden... Verneige dich nach Osten...

Dieses Ritual wiederholst du drei Mal im Kreis. Danach nimmst du die Steine und löst diesen energetischen Kreis wieder auf. Sei gespannt, was sich in deinem Verhältnis zu dir selbst und eventuell betroffenen Personen verändert. (Nach Jamie Sams aus dem Buch „Die Traumpfade der Indianerin")

Aszendent Wassermann – Deszendent Löwe

Kraft spendend: Sich lebendig fühlen bedeutet für uns, wenn wir anders als alle anderen sind und/oder die Dinge anders als die anderen machen. Denn wir sind diejenigen, die mit der Fähigkeit ausgestattet wurden, sich zu allem distanzieren und somit die Welt aus einem neuen Blickwinkel heraus betrachten zu können. Indem wir alles hinterfragen, brechen wir Entwicklungen ab und geben der Welt eine neue Chance, sich zu korrigieren, wo es erforderlich sein könnte.

Verteidigungsstrategie und Kraftverlust: Exzentrik heißt das Schlagwort für die Welt, in der wir leben. Immer wieder sorgen wir für Wirbel und frischen Wind. Überall da, wo die Dinge zu starr geworden sind, brechen wir die Systeme auf, indem wir z.B. etwas laut aussprechen, wovor andere Angst haben, weil es ihre Fundamente, ihre Gewohnheiten in Frage stellt. Wir wissen um das Geheimnis von Veränderung, damit die Dinge, auf die es ankommt, eine wirkliche Chance auf Leben haben. Leider verwechseln wir allzu oft diese konstruktive Rebellion mit dem Prinzip, einfach nur Widerstand per Widerspruch zu leisten. Quasi aus Prinzip gegen alles zu sein, was unsere Mitmenschen von sich geben und unternehmen. Und wenn morgen alle unsere Meinung annehmen würden, nein, dann haben wir schon wieder eine neue. Wohin wird uns das wohl führen? Wir werden nichts in uns spüren, was mit uns selbst zu tun hat, wenn wir nicht lernen, eindeutig zu werden. Im Grunde sind wir ständig auf der Flucht vor uns selbst, wenn wir uns davor scheuen, uns festzulegen. Zu hinterfragen bedeutet nicht, keinen Standpunkt zu beziehen. Aber solange wir nur unruhig unser Anderssein zum reinen Selbstzweck zelebrieren, werden wir für die anderen zum Clown und nicht mehr ernst genommen. Wir haben uns selbst in einen Käfig manövriert, in dem wir uns nicht mehr frei bewegen können.

Lernziel des Wassermann-AC ist die Integration des Zeichens Löwe am Deszendenten: Selbstverantwortung übernehmen; Mitwirkung bei der Gestaltung der Welt; klare Ziele entwickeln; sich eine Sache zu Eigen machen.

Mögliche Entwicklungsschritte, die eine Veränderung bewirken können: für sich rausfinden → hebe ich mich von der Masse ab, um etwas zu verändern oder um kund zu tun, dass ich anders bin?; das Besondere an mir entdecken; aus dem Wunsch nach Veränderung die eigenen kreativen Schöpferkräfte zum Leben erwecken; für eine Sache die Führung übernehmen...

Raum für eigene Gedanken, die sich nach Verwirklichung sehnen:

_____

_____

_____

_____

_____

_____

_____

Der Aszendent Wassermann im Entwicklungsprozess

Polarity response: Ich bin im Widerspruch, weil ich immer anders sein will.

Polaritätsmuster begründen sich schon in der Kindheit. Es gibt Widerstandsphasen gegen vorgegebene Regeln und Verhaltensweisen von Autoritätspersonen wie Eltern, Lehrern, Gesellschaft oder Politik. Bei diesem Verhalten gehen das Kind, der Jugendliche und der erwachsene Mensch grundsätzlich in ein inneres Nein gegen Vieles, was geschieht und vorgegeben wird, und reagieren gegenteilig. Bis zu einem gewissen Punkt ist das auch in Ordnung, doch wenn sich das Verhalten automatisiert und einfach abläuft, egal in welchen Situationen oder mit welchen Menschen, dann kann sich das negativ auf einen selbst und das Umfeld auswirken. Die Menschen mit einem derartigen Verhaltensmuster scheinen sich in einem ständigen Kampf mit sich selbst und ihrem Umfeld zu befinden. Manche Menschen prägen dieses Muster so stark aus, dass eventuell sogenannte Autoaggressionskrankheiten ihren Ursprung in diesem tief verwurzelten Muster haben könnten. Zuerst ist man gegen seine Eltern mit ihren Regeln, dann gegen jegliche Vorgaben im Außen. Dadurch machen sich Menschen das Leben mit einem Polaritymuster unnötig schwer. Jedes Verhalten und jede Gewohnheit ist nur so lange gesund, wie der Mensch zwischen verschiedenen Verhaltensweisen noch wählen kann. Wenn die Wahlmöglichkeit nicht mehr gegeben ist, dann wird alles sehr anstrengend, egal was man tut. Denn man ist einer Kraft ausgeliefert, die einen unter Umständen nicht mehr kontrollieren kann und mit der man sich auf Dauer selbst Schaden zufügt. Es kann sein, dass einem jemand in der Arbeit sagt, was zu tun ist, und man geht erst einmal in die gegenteilige innere Haltung. Dein Partner/Partnerin findet etwas gut, du findest es erst einmal blöd. Eine Lehrkraft gibt etwas vor und du machst das Gegenteil davon. Manchmal ist das auch kreativ und erweiternd in einer Arbeits- oder Privatbeziehung, manchmal verhindert es jedoch die persönliche innere Zufriedenheit. Du willst anders sein, doch du zahlst auf Dauer gesehen einen hohen Preis. Es kostet dich enorme Energie, weil du im Extremfall auch gegen deine eigenen positiven Impulse rebellierst.

Polarity response kann selbstverständlich auch von Menschen genutzt werden, die mit dir zu tun haben, indem sie dir das Gegenteil dessen vermitteln, was sie im Grunde sagen wollen, und du aufgrund deines Musters dann das machst, was sie wirklich von dir erwarten. Damit bist du mit der Zeit für dein Umfeld sehr berechenbar und somit auch ungewollt manipulierbar.

Wie kannst du nun, wenn du es wirklich willst, aus diesem Muster aussteigen?

1. Werde dir zunächst bewusst, in welchen Momenten polarity response förderlich und in welchen sie für dich hinderlich ist.

2. Mache dich von der Anerkennung anderer frei. Lerne dir selbst Anerkennung für das zu geben, was du tust und denkst.

3. Stelle dir eine Liste über Situationen zusammen, in denen es dir gelungen ist, dich wertvoll und besonders zu fühlen, obwohl du etwas getan hast, das dir von außen aufgetragen wurde.

Übung: Zielrahmen

Kreiere dir eine positive Zukunft: Was willst du wirklich leben?

Formuliere dein Ziel positiv, in der Gegenwart und in eigener Kontrolle.

Konstruiere dein Ziel so optimal wie möglich aus:

- Wie siehst du aus? Wie hört sich deine Stimme an? Welche Gestik und Mimik gehört dazu? Wie riecht es? Wie schmeckt es, wenn du dein Ziel wirklich lebst?

- Wie ist deine Umgebung, bist du alleine oder mit anderen? Welche Geräusche umgeben dich? Wie ist dein Gefühl?

- Was gibst du zu Gunsten deines Zieles auf? Auf was verzichtest du? Was bekommst du? Was ist dein Gewinn?

- In welchem Kontext und mit wem lebst du dein Ziel? Ab wann möchtest du es erreichen?

- Wie geht es deinen Mitmenschen, wenn du das Ziel ganz lebst?

- Was war das Positive / der Sekundärgewinn an deinem bisherigen Verhalten? Willst du das aufgeben oder in deine positive Zukunft mitnehmen?

- Was hindert dich daran, dein Ziel zu erreichen? Mit den Einschränkungen / Blockaden / Ängsten vollziehe eine der dargelegten Veränderungsübungen, die in den vorigen Kapiteln beschrieben sind.

Test: Was ist jetzt anders in meinem Leben und welches Gefühl / Ressource steht mir von nun an zur Verfügung?

Future Pace: Schreibe drei grundlegend andere Verhaltensweisen auf, die du ab sofort leben wirst.

Nun stelle dich aufrecht hin und male dir aus, wie du eine Krone auf deinem Kopf trägst. Gleichzeitig spürst du unter deinen Füßen die Erde und deinen festen Stand. Du bist ein Prinz oder eine Prinzessin. In dieser Haltung begegnest du anderen Prinzen und Prinzessinnen. Wie werden diese Begegnungen ablaufen?

Übung: Innere Ruhe

Hermann Hesse schreibt in seinem Buch *„Bäume"*: „Ein Baum begehrt nichts zu sein als was er ist. Er weiß nichts über seine Vergangenheit und über die tausend Samen, die er jedes Jahr hervorbringt. Er lebt einzig und allein um der Bestimmung seiner Selbst, zu wachsen und zu gedeihen." (Hesse, Herrmann, Bäume – Betrachtungen und Gedichte, Franfurt a. M. 1984)

Male ein Bild über Balance zwischen innen und außen. Male dieses Bild mir deiner linken Hand, wenn du rechtshändig bist, und mit der rechten Hand, wenn du linkshändig bist. Betrachte täglich dieses Bild über einen Zeitraum von drei Monaten hinweg und schreibe alle Assoziationen dazu auf.

Übung: Herausdrehen und tanzen

Es war einmal ein kleiner Elefant. Er war ständig damit beschäftigt, zu vergleichen, was die anderen Elefanten so machen. Dann schimpfte er über sie und fand alle möglichen Argumente gegen das, was die anderen taten. Das Futter passte ihm auch nicht, er hätte gerne immer das, was gerade nicht da war. Weder die Sonne noch der Regen passten ihm. Eines Tages geriet er in einen Wasserstrudel des nahe gelegenen Sees, der ihn ganz schnell drehte. Anfangs schimpfte er noch wie ein Rohrspatz, doch mit der Zeit fand er Gefallen daran und gab sich ganz dem Gefühl des Drehens hin. Er stellte fest, dass er sich plötzlich viel ruhiger und zentrierter fühlte. Wie neugeboren tauchte er wieder am Ufer auf und bemerkte zum ersten Mal, welch grandiose Schönheit um ihn herum vorhanden war.

Stell dich mit einem unangenehmen Gefühl auf und drehe dich um deine eigene Achse solange du kannst. Dann warte bis das Drehen in dir aufhört und spüre nach, was jetzt anders ist. Tanze dich in das neue Gefühl hinein.

Aszendent Fische – Deszendent Jungfrau

Kraft spendend: Sich mit der ganzen Welt eins zu fühlen, das ist das höchste der Gefühle. Tatsächlich geschieht dies automatisch, für uns ist die Welt grenzenlos, wir sind mit allem verbunden. Intuitiv spüren wir, dass es eine Welt hinter unserer scheinbaren wirklichen Welt gibt, und der Wert, den wir unseren Dingen auf Erden beimessen, ist in der Welt hinter den Dingen ohne Bedeutung. Alles ist gleich-gültig in dieser Hinter-Welt. Was uns am Leben erhält, ist die Suche nach dieser wahren Welt, was immer sie für uns sein mag.

Verteidigungsstrategie und Kraftverlust: Die Welt für uns ist eine Welt, die in ständiger Auflösung begriffen ist, da Grenzen nicht existieren. Wir sind unmittelbar von allem betroffen, was uns umgibt und was um uns geschieht. Ein enormes Potential an Mitgefühl und seismografischen Fähigkeiten steht uns immer zur Verfügung. Mit diesen Begabungen umzugehen will gelernt sein. Wenn wir für alles offen sind, dann dringt alles ungefragt und ungefiltert in uns ein und überschwemmt uns. Wir identifizieren uns mit allem und wissen nicht, wer und was wir eigentlich sind. Dann sind wir vielleicht froh, wenn wir uns an Vorgaben halten können, um uns an irgendetwas orientieren zu können. Schon wären wir im Bereich der Selbstaufgabe angekommen. Es versteht sich fast von selbst, dass wir uns vor dieser Umwelt verteidigen müssen, um nicht gänzlich den Boden unter unseren Füßen zu verlieren. Unsere Verteidigungsmechanismen lauten: Abschottung, Tarnung, Betäubung.

Abschottung bedeutet Entfremdung von der Welt; Tarnung erntet Misstrauen und Ablehnung; Betäubung heißt, sich von seinen eigenen Ressourcen abzuschneiden. Nach außen wirkt unsere Fassade dann glatt und unnahbar oder sogar gefühlskalt. Alle Strategien schränken uns in unserer Handlungsweise ein, wir fühlen uns mitunter wie gelähmt. Die Erlösung aus dieser Misere besteht weder aus der Welt der völligen Identifikation mit den Dingen, noch aus den vehementen Versuchen, dem zu entkommen, sondern in dem Zauberwort: Grenzen ziehen. Grenzen zwischen uns und anderen zu ziehen, ermöglicht eine klare Unterscheidung zwischen dem, was uns voneinander trennt und was uns miteinander verbindet. Wir können wieder aktiver und authentischer an der Welt teilnehmen.

Lernziel des Fische-AC ist die Integration des Zeichens Jungfrau am Deszendenten: Realitätssinn entwickeln; den Boden unter den Füßen behalten; seinen eigenen Platz in der Welt finden; Ordnung ins Chaos bringen.

Mögliche Entwicklungsschritte, die eine Veränderung bewirken können: sich verstärkt um die alltäglichen Dinge kümmern; Pläne für kleine und große Zeiträume erstellen und sich danach richten; sich klar ausdrücken; Wir-Definitionen vermeiden, besser in Ich-Form bleiben…

Raum für eigene Gedanken, die sich nach Verwirklichung sehnen:

116

Übung: Reise zur Kraftquelle

Höre dir die CD „Reise zur Kraftquelle" an und lasse dir von deiner Kraftquelle einen Schutz schenken, der dich rundherum einhüllt und nur das durchlässt, was dir gut tut. Alles andere zieht daran vorbei. Du bist in Verbindung nach außen und das Außen ist in Verbindung mit dir.

So ein Schutz kann eine durchsichtige Hülle aus Luft, Farbe oder Wasser sein. Er ermöglicht es, ganz bei dir zu bleiben, egal was im Außen geschieht. Du kannst diesen Schutz in Gedanken so weit ausdehnen, wie du willst und es für dich stimmig ist. Wichtig ist, in Verbindung mit dem Außen zu sein. Sich eine Mauer oder einen Stacheldraht als Schutz zuzulegen wäre eher kontraproduktiv.

Führe mit diesem Schutz die Apfelübung auf Seite 99. „Der Aszendent Schütze im Entwicklungsprozess" durch und lese dir auch die Übung „assoziieren – dissoziieren" durch. Für dich ist es von Bedeutung zu lernen, wie du bei dir bleiben und gleichzeitig in Verbindung mit anderen sein kannst. Mit jemandem oder einer Situation mitzufühlen ist eine besondere Gabe. Du kannst jedoch lernen, davon wieder auszusteigen, dich herauszunehmen und zu erkennen, welche Gefühle deine eigenen und welche fremd sind.

Übung: Vom Jetzt zum Ziel

Bei dieser Übung ist der Weg das Wichtigste. Dein Körper weiß in dieser Übung mehr als dein Verstand. Und da jede Zelle deines Körpers immer das Beste für dich will, kannst du ihm auch getrost vertrauen.

1. Nimm den Schutz aus der vorherigen Übung und baue dir ein Zielbild auf, in dem du in einer zukünftigen Situation mit diesem Schutz agierst. Mache alles so optimal wie möglich. Farbe, Haltung, Bewegung, Geräusche, Geruch und Geschmack.

2. Lege auf dem Boden zwei Stationen A und B fest. Eine ist deine Gegenwart und eine ist dein Ziel. Lege sie so weit auseinander, wie du gefühlsmäßig meinst, dass es der richtige Abstand ist.

3. Stelle dich auf Platz A und wähle nun eine Situation, in der du in einer unangenehmen Lage versinkst. Spüre das Gefühl dazu und nimm die Umgebung wahr, in der du dich gedanklich befindest. Vor dir siehst du deinen Weg zu deinem Ziel, Station B. Stell dir den Weg so schön wie möglich vor.

4. Schaue nach vorn zu deinem Ziel und lass dich dann Schritt für Schritt auf deinem Weg mitnehmen, hin zu deinem Ziel. Denke nicht nach, geh einfach und spüre den Weg unter deinen Füßen. Dein Körper führt dich hin zum Ziel. Er kennt den Weg schon.

5. Am Ziel, Station B, angekommen, schlüpfst du in dich selbst mit dem Schutz hinein. Zieh dir alles an, was zum Ziel gehört, z.B. einen Anzug. Nimm die Haltung ein, die dazugehört, spür dich hinein. Vollführe die Bewegung, die im Zielzustand passend ist. Schau dich um und bemerke dabei, wie weit sich dein Schutz ausdehnt.

6. Steige aus diesem Anzug heraus und gehe zurück in die Gegenwart, zur Station A. Spüre die Gegenwart an Platz A ohne Schutz und verbessere jetzt gegebenenfalls dein Ziel oder den Weg vor dir. Nun gehst du wieder auf dein Ziel, Platz B, zu. Diesmal ist dir dein Weg schon vertrauter und genauso das Hineinschlüpfen in die neue Haut. Spüre nach. Steige wieder heraus und kehre zu Platz A zurück.

7. Auf Platz A überlegst du, was das Positive am Ungeschütztsein ist. Vielleicht kannst du dadurch anderen näher sein, fühlst dich lebendig oder hast dadurch gelernt, dich zurückzuziehen oder du hast eine hohe Sensitivität erlang. Wenn dir diese positiven Lernerfahrungen wichtig sind und du sie bewahren möchtest, dann stell dir einen kleinen Rucksack vor, in dem du sie zu deinem Ziel mitnimmst. Wohlgemerkt, nur die positiven Lernerfahrungen packst du ein, und nicht die unerwünschten Verhaltensweisen, die damit zusammenhängen. Schau nach vorn zu deinem Ziel und gehe ihm entgegen, diesmal mit deinem Rucksack voll positiver Lernerfahrungen. Spüre die Schritte beim Gehen, wie

sie zunehmend sicherer und vertrauter werden. Spüre im Ziel nach, steige erneut aus und kehre zu Platz A zurück.

8. Wiederhole das Gehen von A nach B noch drei bis vier Mal, so lange bis du das Gefühl hast, immer leichter zu gehen, immer selbstverständlicher.

Nun weißt du, dass dein Körper bereits intuitiv die Schritte zu deinem Ziel kennt und dein Unterbewusstsein alle nötigen Vorbereitungen trifft, damit du auch sicher in der Realität dort ankommst. Jetzt hast du die Wahl, wo du gerne sein möchtest. Überlege dir, in welchen Situationen du dich öffnen und in welchen du dich zurückziehen möchtest.

Übung: Oben und Unten verbinden

Stell dich aufrecht hin und stell dir vor, wie aus deinen Füßen Wurzeln wachsen, und wie von deinem Scheitel heraus eine goldene Lichtsäule ins Universum emporrankt.

Strecke deine Arme zum Himmel aus und stelle die Füße etwas mehr als hüftbreit auseinander hin.

Nun bringst du mit einer langsamen, abwärts führenden Kreisbewegung das goldene Licht zur Erde, und die Energie der Erde bringst du nach oben zum Licht. Verbinde hell und dunkel, leicht und schwer, beweglich und fest, ...

Während der Kreisbewegung entsteht gleichzeitig eine Verbindung in dir zwischen oben und unten, zwischen innen und außen, zwischen Ruhe und Bewegung, zwischen Unsicherheit und Stabilität, zwischen Unruhe und Ordnung.

Spüre dein Zentrum und deine innere Ordnung in jeder Zelle deines Körpers bis hinein in deine Gedanken.

Übe täglich dieses Sich-Verbinden über einen Zeitraum von drei Monaten hinweg morgens und abends.

Übung: Motivationsschub

Wähle einen unangenehmen Jetzt-Zustand aus. Gehe auf einer ima-
ginären Zeitlinie in deine Zukunft, indem du so tust, als ob du
nichts an diesem negativen Gefühl veränderst. Gehe eine Woche in
die Zukunft, einen Monat, ein Jahr, fünf Jahre, zehn Jahre, gehe bis
an dein Lebensende. Du hast an deinem negativen Zustand nichts
verändert. Wie ist dein Körper dann? Wie sind deine Gedanken?
Was strahlst du am Ende deines Lebens aus?

Hüpfe aus diesem Zustand heraus und schüttle ihn ganz von dir ab.

Nun tanzt du dich in deine Kraftquelle hinein und gehst in diesem
Zustand noch einmal den Weg in deine Zukunft, eine Woche, einen
Monat, ein Jahr, fünf Jahre, zehn Jahre und bis an dein Lebensende.
Diesmal geschützt und voller Ressourcen. Wie fühlt sich das an?
Wie kommst du am Ende deines Lebens an? Wie geht es deinem
Körper und deinen Gedanken?

Für welchen Weg entscheidest du dich?

Das Imum Coeli in den Tierkreiszeichen

Obwohl es empfehlenswerter ist, das Imum Coeli nicht ohne das Medium Coeli zu deuten, möchten wir die beiden Schwerpunkte der Meridianachse getrennt betrachten. Wir sind der Meinung, dass wir hier an Bereichen arbeiten, die für sich genommen intensive Arbeitsgrundlagen bilden und die uns aktiver zugänglich sind als die AC/DC-Achse. Das heißt, wir verfügen am IC und am MC über ein aktives Handlungspotential, auch wenn am IC die meist unbewusste Wirkungsfähigkeit schlummert: Wir sind mit dem Imum Coeli imstande, Berge zu versetzen, wenn wir uns über unsere Motivationen im Klaren sind und wenn wir die Entscheidung treffen, eine Verhaltensweise und/oder einen Glaubenssatz ändern zu wollen.

Für die eigene Arbeit wähle aus den bereits vorhandenen Übungen eine dir geeignete aus. Spüre, welche Übung mit dir in Resonanz geht. Welche Übung benötigst du heute? Experimentiere ruhig ein wenig aus.

(Zur Erklärung der Inhalte der folgenden Glaubenssätze, die in Klammern gesetzt wurden: Es geht hier um die möglichen Auswirkungen, Ursachen und Ängste.)

Widder am Imum Coeli

Aus welcher Intention/Motivation heraus handle ich? Was gibt mir einen Grund zu leben? Starker Selbsterhaltungstrieb; Handeln erfolgt durch unmittelbares Gewahrwerden der Bedürfnisse; bereitwilliger Einsatz für sich selbst und für andere (mit Haut und Haar!); innere Aufbruchstimmung (Eroberung neuer Terrains, Abenteuer); Mut und Entschlossenheit.

Welche Glaubenssätze könnten mich in meinem Auftrag behindern? Wo oder wie stehe ich mir selbst im Wege?

Leben heißt kämpfen (ich möchte nichts geschenkt bekommen).

Ich kann mir nur selbst vertrauen (bevorzuge deshalb, Einzelgänger zu sein, sehne mich aber nach Gemeinschaft und fühle mich deswegen allein).

Ich fühle mich schnell betroffen, angegriffen und bedroht (daher Verlust von Schutz → Energieschwächung).

Glaubenssätze, die mich stärken und mein Selbst zum Leuchten bringen können:

Ich bin beschützt und geführt
Ich vertraue
Ich bin frei
Ich fühle mich geliebt
Das Leben darf leicht und schön sein

Raum für eigene Erfahrungen und Antworten / Was möchte ich ändern?

✎ _____

_____

_____

_____

_____

_____

_____

Stier am Imum Coeli

Aus welcher Intention/Motivation heraus handle ich? Was gibt mir einen Grund zu leben? Sinnlichkeit und Genussfähigkeit; Sicherung der Existenz; sich zu einer Gruppe zugehörig fühlen (familiäre Verbindungen); Traditionsbewusstsein.

Welche Glaubenssätze könnten mich in meinem Auftrag behindern? Wo oder wie stehe ich mir selbst im Wege?

Sicherheit gewinne ich über materielle Güter (Haben steht vor dem Sein → Existenzängste).

Ich brauche Menschen, an denen ich mich binde, damit ich mich geschützt und geborgen fühle (aus Verlustangst die eigenen Bedürfnisse hinten anstellen).

Nur was ich kenne, ist mir vertraut (Festhalten an Gewohnheiten, die mich selbst erstarren lassen).

Glaubenssätze, die mich stärken und mein Selbst zum Leuchten bringen können:

Ich bin locker und gelöst
Ich gehöre dazu
Alles, was ich brauche, stellt mir das Universum zur Verfügung
Ich bin mir sicher
Ich binde mich aus Liebe

Raum für eigene Erfahrungen und Antworten / Was möchte ich ändern?

_____

_____

_____

_____

_____

_____

_____

Zwillinge am Imum Coeli

Aus welcher Intention / Motivation heraus handle ich? Was gibt mir einen Grund zu leben? beträchtlicher Wissenshunger; Neugier; vielseitiges Interesse; Handeln aus dem Bedürfnis heraus, sich mitzuteilen und auszutauschen; Kontakte herstellen; neutral und wertfrei vermitteln; Freude am Lernen; für vieles eine Erklärung finden.

Welche Glaubenssätze könnten mich in meinem Auftrag behindern? Wo oder wie stehe ich mir selbst im Wege?

Ich möchte alles wissen (Unruhe und Rastlosigkeit und Verzettelung machen sich breit)

Egal wofür ich mich entscheide, ich habe das Gefühl, ich versäume etwas (sich nicht festlegen können)

Ich soll nicht fühlen, was ich fühle (gelernt, Gefühle erklären zu können, anstatt sie zu empfinden)

Ich fühle mich wurzellos (als Kind sich emotional allein gefühlt haben; erwachsene Erziehungspersonen waren u.U. mit sich selbst sehr beschäftigt; evtl. häufigen Wohnortwechsel durchlebt)

Glaubenssätze, die mich stärken und mein Selbst zum Leuchten bringen können:

Ich kann loslassen
Ich ruhe in mir
Mein Zuhause ist in mir
Ich fühle mich verbunden (mit den Elementen, der Erde, Freunden, Partner, Familie)
Ich fühle mich / Ich lebe meine Gefühle

Raum für eigene Erfahrungen und Antworten / Was möchte ich ändern?

Krebs am Imum Coeli

Aus welcher Intention/Motivation heraus handle ich? Was gibt mir einen Grund zu leben? starkes Empfinden, Gefühle fühlen; Kreativität;

seelische Geborgenheit; Handeln nach den eigenen Stimmungen und Bedürfnissen.

Welche Glaubenssätze könnten mich in meinem Auftrag behindern? Wo oder wie stehe ich mir selbst im Wege?

Ich identifiziere mich mit den Gefühlen der Menschen, die ich liebe (Schwierigkeiten mit der Selbstidentifikation)

Ich fühle mich schnell betroffen und verletzt, lasse es mir aber nicht anmerken.

Ich bin mein Gefühl (sich von Gefühlen besetzen lassen).

Ich richte mich in meinen Entscheidungen und Verhaltensweisen nach dem Geborgenheitsprinzip (das Gefühl hierzu geht über alles — Abhängigkeitsmuster erschaffen).

Glaubenssätze, die mich stärken und mein Selbst zum Leuchten bringen können:

Ich kann mich abgrenzen
Ich spüre mich angenehm / liebevoll
Das Leben ist leicht
Ich bin ein Glückskind
Ich entscheide mich für mich

Raum für eigene Erfahrungen und Antworten / Was möchte ich ändern?

✎ _____

_____

_____

_____

_____

_____

_____

Löwe am Imum Coeli

Aus welcher Intention/Motivation heraus handle ich? Was gibt mir einen Grund zu leben? Immenser Ausdrucksdrang; starker Lebensquell / Lebenskraft; Gefühl, etwas Einzigartiges zu sein; mächtiger innerer Motor, aus sich selbst zu schöpfen.

Welche Glaubenssätze könnten mich in meinem Auftrag behindern? Wo oder wie stehe ich mir selbst im Wege?:

Ich träume von einem einzigartigen Leben und will meinen eigenen Weg gehen (habe aber Angst, zu scheitern → schwache Bereitschaft, immer wieder neu zu beginnen)

Ich möchte Anerkennung erhalten (Abhängigkeit von der Gunst und Kritik der anderen).

Mein Wert hängt davon ab, was ich tue (und nicht von dem, was ich wirklich fühle).

Mein Leben ist voll von Aktivitäten (um meine Einzigartigkeit unter Beweis zu stellen, aber ist das kreativ?)

Glaubenssätze, die mich stärken und mein Selbst zum Leuchten bringen können:

Ich gehe meinen Weg
Ich bin frei von Bewertungen und Beurteilungen
Ich bin okay, so wie ich bin
Ich lebe und spüre meinen ureigenen Rhythmus
Ich schöpfe Kraft aus mir selbst (und aus meinen Schöpfungen)

Raum für eigene Erfahrungen und Antworten / Was möchte ich ändern?

✐ _____

_____

_____

_____

_____

_____

_____

Jungfrau am Imum Coeli

Aus welcher Intention/Motivation heraus handle ich? Was gibt mir einen Grund zu leben? Liebe zur Ordnung; Handeln aus dem Bedürfnis zu wissen, wo der eigene Platz in der Welt ist; analytisches Vermögen, auch den eigenen Gefühlen gegenüber; Planung; Strategieentwicklung.

Welche Glaubenssätze könnten mich in meinem Auftrag behindern? Wo oder wie stehe ich mir selbst im Wege?

Ich plane mein Leben (Angst vor Unwägbarkeiten → Verplanung des Lebens).

Um mich sicher zu fühlen, passe ich mich an (von anderen den Platz zugewiesen bekommen, sich unterordnen).

Ich möchte gebraucht werden (eigene Bedürfnisse nicht ernst nehmen; sich selbst aufopfern, verleugnen).

Glaubenssätze, die mich stärken und mein Selbst zum Leuchten bringen können:

Ich bin flexibel
Ich fühle mich sicher
Ich weiß, wer ich bin und was ich kann
Ich kann warten / geduldig sein
Ich kenne und lebe meine Bedürfnisse
Ich bin ehrlich zu mir

Raum für eigene Erfahrungen und Antworten / Was möchte ich ändern?

Waage am Imum Coeli

Aus welcher Intention/Motivation heraus handle ich? Was gibt mir einen Grund zu leben? Begegnungen / Beziehungen; Harmonie / Gerechtigkeit / Ausgleich (herstellen); Liebe zur Ästhetik; diplomatisches Geschick.

Welche Glaubenssätze könnten mich in meinem Auftrag behindern? Wo oder wie stehe ich mir selbst im Wege?

Ich kann mich selbst nur über andere finden / Ich habe Angst vor dem Alleinsein (von einer Beziehung in die nächste übergehen; „Sucht" nach Begegnungen)

Ich habe Angst vor Konflikten (arrangiere mich lieber mit den Bedürfnissen der anderen → sich selbst gegenüber unaufrichtig sein)

Mich definitiv festzulegen macht mir Angst (sich gerne ein bis mehrere Türen offen halten, dadurch für andere unverbindlich wirken, evtl. aus dieser Angst heraus, sich zu nichts zu verpflichten oder zu seinem Wort nicht zu stehen)

Glaubenssätze, die mich stärken und mein Selbst zum Leuchten bringen können:

Ich bin selbstbestimmt
Ich bin eingebettet
Ich sage Ja zum Leben
Ich erkenne mich im Gegenüber und gehe meinen Weg
Ich treffe meine Entscheidungen selbst

Raum für eigene Erfahrungen und Antworten / Was möchte ich ändern?

Skorpion am Imum Coeli

Aus welcher Intention/Motivation heraus handle ich? Was gibt mir einen Grund zu leben? Erfahrungen selbst erleben; eigene Vorstellungen und Ideen vom eigenen Leben haben; Handeln nach Prinzipien und idealem Anspruch; Liebe zu klaren Entscheidungen und konsequentem Vorgehen; starke Ausdauerfähigkeit; Gefühl für Vergänglichkeit.

Welche Glaubenssätze könnten mich in meinem Auftrag behindern? Wo oder wie stehe ich mir selbst im Wege?

Ich habe sehr hohe Maßstäbe an mich und an die anderen (eigenes Gefühl der „Unfehlbarkeit"; kann mir und den anderen keine Fehler gestatten; Liebe gegen Leistung erhalten und geben).

Ich richte mich nach meinen Prinzipien (und stelle mir nicht die Frage, ob ich um der Treue Willen daran festhalte oder ob es sich für das Leben bewähren könnte).

Ich halte schon durch (die Grenze der Selbstzerstörung wird erst sehr spät wahrgenommen).

Glaubenssätze, die mich stärken und mein Selbst zum Leuchten bringen können:

Ich bin voller Liebe
Ich kann jeden Menschen so sein lassen, wie er ist
Ich kann loslassen / Ich lasse los
Ich fühle mich weich und zärtlich
Ich gebe Acht auf mich

Raum für eigene Erfahrungen und Antworten / Was möchte ich ändern?

_____

_____

_____

_____

Schütze am Imum Coeli

Aus welcher Intention/Motivation heraus handle ich? Was gibt mir einen Grund zu leben? Eigene Lebensphilosophie; Meinungsbildung; sich selbst eine große Rolle im Leben einräumen; Optimismus / Hoffnung; Faszination; Selbstvertrauen; den Dingen und sich selbst Sinn verleihen; erfüllt vom Leben sein.

Welche Glaubenssätze könnten mich in meinem Auftrag behindern? Wo oder wie stehe ich mir selbst im Wege?

Ich habe eine große Erwartung an das Leben und an das Glück, es steht mir zu (mit dem Schicksal hadern, wenn es eine Erwartung nicht erfüllt).

Ich bin der Maßstab der Welt (Selbstüberschätzung; sich selbst über andere erheben; Größenwahn).

Ich bin von mir und meinen Meinungen überzeugt (fehlende Selbstkritik bzw. Überprüfung von dem, was mich fasziniert; durch Überzeugung werden die Dinge nicht mehr in Frage gestellt).

Ich muss alles intensiv erleben, um mich nicht leer zu fühlen (auch negative Emotionen)

Glaubenssätze, die mich stärken und mein Selbst zum Leuchten bringen können:

Ich bin gut geerdet
Ich bin offen für andere Meinungen
Ich bin kritikfähig
Ich bin erfüllt mit göttlicher Liebe
Ich erkenne Größe in jedem Menschen

✏ _____

_____

_____

_____

_____

_____

_____

Steinbock am Imum Coeli

Aus welcher Intention/Motivation heraus handle ich? Was gibt mir einen Grund zu leben? Handeln aus dem Bedürfnis, etwas leisten zu wollen; disziplinierte und strukturierte Vorgehensweisen; Ehrgeiz; an etwas sehr ausdauernd, geduldig und hart arbeiten können; sich einschränken / genügsam sein; sich an Regeln / Normen / Vorgaben halten.

Welche Glaubenssätze könnten mich in meinem Auftrag behindern? Wo oder wie stehe ich mir selbst im Wege?

Ich brauche nur sehr wenig zum Leben (und fordere meine Anerkennung und das, was mir zusteht, nicht ein)

Nur das Ergebnis meiner Handlungen zählt für andere und für mich und ist wichtig (das eigene Licht unter dem Scheffel stellen).

Ich fühle mich wohler, wenn ich nicht zeige, was ich fühle oder Ich lasse nur Gefühle zu und zeige sie, wenn sie meiner gesellschaftlichen Rolle entsprechen (das Gefühl bekommen, an den Gefühlen zu ersticken, da kein Ventil vorhanden ist; nach außen starr und leblos wirken; mit den Gefühlen der anderen nicht umgehen können; Angst vor echten Gefühlen; Herzensgefühle nicht annehmen können; Angst vor Verletzung und Enttäuschung).

131

Glaubenssätze, die mich stärken und mein Selbst zum Leuchten bringen können:

Ich bin mutig
Ich zeige mich, wie ich „wirklich" bin / Ich erlaube mir, echt zu sein
Ich bin in Ordnung, wenn ich meine Gefühle zeige
Ich bin lebendig und spüre mich gerne in meinen Gefühlen
Ich lasse Fülle in mein Leben

Raum für eigene Erfahrungen und Antworten / Was möchte ich ändern?

✎ _____

_____

_____

_____

_____

_____

_____

Wassermann am Imum Coeli

Aus welcher Intention/Motivation heraus handle ich? Was gibt mir einen Grund zu leben? Handeln aus dem Bedürfnis unkonventionell und genial zu sein; sich selbst immer wieder neu erfinden; Liebe zur Freiheit und Unabhängigkeit; Konventionen in Frage stellen; Kosmopolit.

Welche Glaubenssätze könnten mich in meinem Auftrag behindern? Wo oder wie stehe ich mir selbst im Wege?

Ich kann mich gut in die Lage der anderen versetzen (sich mit anderen identifizieren können, aber keinen Zugang zur eigenen Identität haben).

Ich weiß oft nicht, für was ich einstehen soll (unverbindlich bleiben).

Ich sehne mich danach, anders zu sein als alle anderen (verhalte mich dementsprechend kontrovers, übersehe jedoch, dass Anderssein nicht einfach heißt, etwas anders zu machen, sondern, dass ich durch meine Einzigartigkeit zu jemand Besonderem werde).

Ich will auf keine Möglichkeiten verzichten (und treffe daher keine Entscheidung).

Glaubenssätze, die mich stärken und mein Selbst zum Leuchten bringen können:

Ich bin einzigartig
Ich treffe sicher meine Entscheidungen
Ich stehe für mich ein
Ich lasse Nähe zu / Ich bin erfüllt von meiner Nähe
Ich nehme mich ernst

Raum für eigene Erfahrungen und Antworten / Was möchte ich ändern?

✍ _____

_____

_____

_____

_____

_____

_____

Fische am Imum Coeli

Aus welcher Intention/Motivation heraus handle ich? Was gibt mir einen Grund zu leben? Sich mit der Welt eins und verbunden fühlen; sich als spirituelles Wesen fühlen; großes (Ur)-Vertrauen; alles ist möglich / starke Vorstellungskraft von sich selbst.

Welche Glaubenssätze könnten mich in meinem Auftrag behindern? Wo oder wie stehe ich mir selbst im Wege?

Gefühle tun weh, schaffen inneres Chaos (durch die enorme Sensibilität werden die Gefühle der anderen gefühlt → inneres Abschotten und Dichtmachen, das in vielen Fällen über „Betäubung" und Rausch ausgelebt wird).

Ich weiß nicht, wer ich bin (da man zu vielem fähig ist und sich fast alles vorstellen kann, wer man sein könnte, fehlt der rote Faden – die innere Struktur – aus sich etwas zu machen, was Identität vermittelt; und/oder vorgelebte Identitäten übernehmen).

Zu sein ist alles (Alltag ist uninteressant → Flucht in eine Fantasiewelt).

Glaubenssätze, die mich stärken und mein Selbst zum Leuchten bringen können:

Ich bin der, der ich bin / Ich bin – ich bin – ich bin
Ich bin geschützt
Ich vertraue mich dem Leben an
Ich habe Lust auf die Welt, die Menschen, das Leben
Ich finde mich im Alltäglichen

Raum für eigene Erfahrungen und Antworten / Was möchte ich ändern?

✎ _____

_____

_____

_____

_____

_____

_____

Das Medium Coeli in den Tierkreiszeichen

Auch wenn wir das Imum Coeli vom Medium Coeli getrennt behandeln, eines dürfen wir nicht außer Acht lassen: beide Pole sind immer miteinander verbunden. Selbst wenn die Horoskopgrafiken zweidimensional dargestellt werden, die Verbindungslinien der zwei Hauptachsen bewegen sich nicht einfach nur hin und her, sondern rotieren von einem Pol zum anderen: es entstehen Kreisbahnen. D.h. wir entwickeln uns erst durch die Begegnung mit der Umwelt (DC) und durch das über sich selbst Hinausgehende oder besser gesagt, über sich selbst Herausragende (MC). Wir binden unsere Erfahrungen immer wieder an unser vergangenes und jetziges Selbst an, und entwickeln somit neue Verhaltensweisen oder Strategien, die uns abermals neue Erkenntnisse und Erfahrungen bescheren. Ein Stillstand im Leben gibt es demzufolge nicht, wohl aber eine Verweigerung, sich in den Fluss der Selbstentwicklung und des Lebens zu begeben. Der Keim in uns will wachsen und gedeihen, und dazu braucht er die Fähigkeit, freie Entscheidungen aus sich selbst heraus treffen zu können. Diese Fähigkeit entfalten wir erst im Laufe der Zeit, wenn wir bereit sind, Verantwortung für uns selbst und unser Handeln zu übernehmen. Wir sehen uns gleich einmal an, welche Ängste in uns aktiviert werden, wenn wir nach unserer Verantwortung, und damit das Auf-sich-nehmen der daraus resultierenden Konsequenzen, „gefragt" werden. (Hier ist es ebenso wichtig, das gegenüberliegende Zeichen am Imum Coeli zu berücksichtigen). Um Ziele zu erreichen, müssen wir lernen, Stellung zu beziehen.

Das Medium Coeli zeigt uns ebenso auf, was und welche Möglichkeiten sich uns bieten, um Lösungsstrategien zu formen. Je eingeschränkter wir uns auf der IC/MC-Achse bewegen und/oder nicht bereit sind, Veränderungen herbeizuführen, desto weniger Lösungsmöglichkeiten werden sich uns eröffnen. Das führt im Grunde zu einem Verhalten, in dem man Entscheidungen am liebsten anderen überlässt, um sich dafür nicht verantwortlich (schuldig) fühlen zu müssen. Auch hier können wir uns erst einmal in Ruhe betrachten, welche Ängste dahinterstecken. Denn fast nichts auf dieser Welt ängstigt uns mehr, als die eigene Courage, über sich selbst hinauszuwachsen.

Widder am Medium Coeli

Was hält mich davon ab, in meine Verantwortung zu gehen?

Angst vor Ablehnung; Konfrontationen aus dem Weg gehen.

Welchen Lösungsstrategien habe ich mich unterworfen, die mich auf Dauer selbst schädigen?

Ich kann/will/muss alles alleine schaffen und bewältigen.

Niemand versteht mich wirklich.

Wie kann ich den Keim in mir nähren, damit er zur vollen Größe gedeihen kann? Was verleiht mir Flügel? Wodurch wachse ich über mich hinaus?

In Konflikte gehen; Mut zur Provokation; Individualität leben; Einsatz für Gerechtigkeit; Pionierarbeit leisten.

Beschreibe dich, wie du bist, wenn du etwas Großartiges erreicht hast, wovor du dich aber erst einmal gefürchtet hast:

✎ _____

_____

_____

_____

_____

_____

_____

Stier am Medium Coeli

Was hält mich davon ab, in meine Verantwortung zu gehen?

Handlungslosigkeit; das Gefühl, den Vorstellungen und Meinungen der Familie verpflichtet zu sein.

Welchen Lösungsstrategien habe ich mich unterworfen, die mich auf Dauer selbst schädigen?

Nur das, was mir vertraut ist und ich gewohnt bin, kann ich anwenden.

Ich fühle mich in einer vertrauten Gruppe sicherer, wenn es darum geht, etwas umzusetzen – alleine fühle ich mich geschwächt. Die Gruppe ist mein Schutzschild.

Wie kann ich den Keim in mir nähren, damit er zur vollen Größe gedeihen kann? Was verleiht mir Flügel? Wodurch wachse ich über mich hinaus?

Eigene Ideen in die Welt bringen und sie praktisch umsetzen / erfahrbar machen; wahre Zugehörigkeit finden; anpacken, wo es schwierig wird; die eigenen Leistungen wertschätzen; sich selbst vertrauen.

Beschreibe dich, wie du bist, wenn du etwas Großartiges erreicht hast, wovor du dich aber zunächst gefürchtet hast:

✎ _____

_____

_____

_____

_____

_____

_____

Zwillinge am Medium Coeli

Was hält mich davon ab, in meine Verantwortung zu gehen?

Sich viel zutrauen, aber in der Durchführung den Überblick verlieren; vielfältige Lösungsmöglichkeiten gegeneinander abwägen, dernoch allen den gleichen Stellenwert schenken – auf keine verzichten wollen.

Welchen Lösungsstrategien habe ich mich unterworfen, die mich auf Dauer selbst schädigen?

Ich lasse mir ungern etwas sagen; ich habe immer Recht und weiß alles besser.

Ich ziehe Lösungen in Betracht, führe sie aber nur gedanklich aus.

Wie kann ich den Keim in mir nähren, damit er zur vollen Größe gedeihen kann? Was verleiht mir Flügel? Wodurch wachse ich über mich hinaus?

Interesse an Details; wahre Toleranz entwickeln; sich als ein Teil des Ganzen fühlen und sich dementsprechend einbringen; Freude am Leben zwischen und in den unterschiedlichsten Welten.

Beschreibe dich, wie du bist, wenn du etwas Großartiges erreicht hast, wovor du dich aber erst einmal gefürchtet hast:

_____

_____

_____

_____

_____

_____

_____

Krebs am Medium Coeli

Was hält mich davon ab, in meine Verantwortung zu gehen?

Sich selbst zurücknehmen; eigene Bedürfnisse werden mit den Konventionen und moralischen Werten abgeglichen.

Welchen Lösungsstrategien habe ich mich unterworfen, die mich auf Dauer selbst schädigen?

Ich kümmere mich erst einmal um die anderen.

Ich halte mich mit meinen Gefühlen bedeckt, lebe lieber die Rolle, die ich als maßgebend empfinde.

Wie kann ich den Keim in mir nähren, damit er zur vollen Größe gedeihen kann? Was verleiht mir Flügel? Wodurch wachse ich über mich hinaus?

Sich anderen gegenüber öffnen; eigene Gefühle und Bedürfnisse zulassen; das Herz sprechen lassen; Fürsorge statt Pflichterfüllung; Wärme und Lebendigkeit; eigene Maßstäbe aus sich selbst heraus entwickeln.

Beschreibe dich, wie du bist, wenn du etwas Großartiges erreicht hast, wovor du dich aber erst einmal gefürchtet hast:

✎ _____

_____

_____

_____

_____

_____

_____

Löwe am Medium Coeli

Was hält mich davon ab, in meine Verantwortung zu gehen?

Entscheidungen abgeben; unverbindlich bleiben; glauben, nie frei / unabhängig genug zu sein, um sich individuell entfalten zu können.

Welchen Lösungsstrategien habe ich mich unterworfen, die mich auf Dauer selbst schädigen?

Ich orientiere mich an Statussymbolen und gesellschaftlicher Anerkennung.

139

Keiner kann es besser als ich selbst – daher gebe ich ungern Dinge ab.

Wie kann ich den Keim in mir nähren, damit er zur vollen Größe gedeihen kann? Was verleiht mir Flügel? Wodurch wachse ich über mich hinaus?

Sich selbst, sprich die ganze Persönlichkeit zum Ausdruck bringen; Einheit / Einigung herstellen – andere einbeziehen; die eigene Individualität leben; Konzentration auf das Wesentliche; innere Zweifel und Unentschlossenheit durch den Glauben an sich selbst ablegen.

Beschreibe dich, wie du bist, wenn du etwas Großartiges erreicht hast, wovor du dich aber erst einmal gefürchtet hast:

✎ _____

_____

_____

_____

_____

_____

_____

Jungfrau am Medium Coeli

Was hält mich davon ab, in meine Verantwortung zu gehen?

Orientierungslosigkeit; Erschaffung einer Traumwelt; sich verloren fühlen.

Welchen Lösungsstrategien habe ich mich unterworfen, die mich auf Dauer selbst schädigen?

Ich wähle den Weg des geringsten Widerstands.

Ich lasse mir meinen Platz in der Welt zuweisen.

Ich schütze mich durch inneren Rückzug davor, der Welt ausgeliefert zu sein.

Wie kann ich den Keim in mir nähren, damit er zur vollen Größe gedeihen kann? Was verleiht mir Flügel? Wodurch wachse ich über mich hinaus?

Eigene Bedürfnisse klar ausdrücken; sich bewusst werden, welche Gefühle und Identitäten zu sich selbst und welche zu den anderen gehören; Dinge in die Realität umsetzen; Struktur und Ordnung ins eigene Leben bringen.

Beschreibe dich, wie du bist, wenn du etwas Großartiges erreicht hast, wovor du dich aber erst einmal gefürchtet hast:

✎ _____

_____

_____

_____

_____

_____

_____

Waage am Medium Coeli

Was hält mich davon ab, in meine Verantwortung zu gehen?

Isolation; Konflikt zwischen der Treue zu sich selbst und dem Wunsch nach Gemeinsamkeit.

Welchen Lösungsstrategien habe ich mich unterworfen, die mich auf Dauer selbst schädigen?

Wagnisse sind mir ein zu hohes Risiko.

Ich richte mich nach den Bedürfnissen der anderen.

Wie kann ich den Keim in mir nähren, damit er zur vollen Größe gedeihen kann? Was verleiht mir Flügel? Wodurch wachse ich über mich hinaus?

Etwas annehmen können (Kritik, Geschenke…); andere Menschen für Neues begeistern; Einsatz für Frieden und Gerechtigkeit in der

Gemeinschaft; Beziehungen herstellen, die meinen Gefühlen entsprechen; ehrliche Gefühle leben.

Beschreibe dich, wie du bist, wenn du etwas Großartiges erreicht hast, wovor du dich aber erst einmal gefürchtet hast:

✐ _____

_____

_____

_____

_____

_____

_____

Skorpion am Medium Coeli

Was hält mich davon ab, in meine Verantwortung zu gehen?

Sich unterordnen; Bedürfnis nach Sicherheit.

Welchen Lösungsstrategien habe ich mich unterworfen, die mich auf Dauer selbst schädigen?

Alles, was ich umsetze, entpricht nicht meinen Vorstellungen. Genug kann nie genügen („erbarmungslos" sich selbst gegenüber sein).

Ich möchte aus eigener Erfahrung klug werden und bin dafür bereit, Opfer zu bringen.

Wie kann ich den Keim in mir nähren, damit er zur vollen Größe gedeihen kann? Was verleiht mir Flügel? Wodurch wachse ich über mich hinaus?

Sich selbst verpflichtet fühlen; sich selbst wertschätzen; Bewusstheit darüber erlangen, welche Dinge zu welchem Preis erlebt werden könnten; eigene Meinungen einbringen, die durchaus von anderen als unangenehm empfunden werden.

Beschreibe dich, wie du bist, wenn du etwas Großartiges erreicht hast, wovor du dich aber erst einmal gefürchtet hast:

✎ _____

_____

_____

_____

_____

_____

Schütze am Medium Coeli

Was hält mich davon ab, in meine Verantwortung zu gehen?

Selbstzerstreuung; Angst, sich auf die Welt und das Leben einzulassen; keine Bewertungen abgeben.

Welchen Lösungsstrategien habe ich mich unterworfen, die mich auf Dauer selbst schädigen?

Ich erwarte viel von mir und den anderen – möchte meinen Ansprüchen gerecht werden.

Die anderen sind für mich kein Maßstab.

Wie kann ich den Keim in mir nähren, damit er zur vollen Größe gedeihen kann? Was verleiht mir Flügel? Wodurch wachse ich über mich hinaus?

Zusammenhänge herstellen; das Ganze erkennen und ihm gerecht werden; Vertrauen in das Leben haben; Anerkennung schenken; soziales Engagement.

Beschreibe dich, wie du bist, wenn du etwas Großartiges erreicht hast, wovor du dich aber erst einmal gefürchtet hast:

✎ _____

_____

_____

_____

_____

_____

_____

Steinbock am Medium Coeli

Was hält mich davon ab, in meine Verantwortung zu gehen?

Versagensangst; alles auf sich selbst beziehen; Schuldgefühle; leben nach dem Lust- und Launeprinzip.

Welchen Lösungsstrategien habe ich mich unterworfen, die mich auf Dauer selbst schädigen?

Um ein Gefühl des inneren Halts zu spüren, halte ich mich an die Richtlinien und Vorgaben der anderen.

Ich halte an dem fest, was sich auf Dauer bewährt hat.

Wie kann ich den Keim in mir nähren, damit er zur vollen Größe gedeihen kann? Was verleiht mir Flügel? Wodurch wachse ich über mich hinaus?

Sich selbst bestimmen; sich über Gefühle klar werden; den eigenen Bedürfnissen in Verbindung mit den Bedürfnissen der anderen gerecht werden; sich an eigene Vorgaben halten (Selbstdisziplin); Sicherheit gewinnen, indem ich mir Feedback einhole.

Beschreibe dich, wie du bist, wenn du etwas Großartiges erreicht hast, wovor du dich aber erst einmal gefürchtet hast:

✎ _____

_____

_____

_____

_____

Wassermann am Medium Coeli

Was hält mich davon ab, in meine Verantwortung zu gehen?

Sich als das Zentrum der Welt empfinden; sich selbst genügen; sich abhängig von der Bestätigung durch andere machen.

Welchen Lösungsstrategien habe ich mich unterworfen, die mich auf Dauer selbst schädigen?

Ich orientiere mich an den anderen.

Nur nicht aus der Rolle fallen…

Wie kann ich den Keim in mir nähren, damit er zur vollen Größe gedeihen kann? Was verleiht mir Flügel? Wodurch wachse ich über mich hinaus?

Aus der Masse hervortreten; eigene Ideen und Visionen umsetzen; gegen den Strom schwimmen – sich trotz äußerer Widerstände durchsetzen und behaupten; sich als Mensch unter Menschen fühlen.

Beschreibe dich, wie du bist, wenn du etwas Großartiges erreicht hast, wovor du dich aber erst einmal gefürchtet hast:

✎ _____

_____

_____

_____

_____

_____

_____

Fische am Medium Coeli

Was hält mich davon ab, in meine Verantwortung zu gehen?

Bedürfnis nach Sicherheit; Lebensangst; sich nicht gut genug empfinden, schnell an sich selbst zweifeln; sich nützlich fühlen wollen.

Welchen Lösungsstrategien habe ich mich unterworfen, die mich auf Dauer selbst schädigen?

Sobald in mir Unsicherheit entsteht, fühle ich mich verloren. Daher (ver)plane ich das Leben und halte mich daran fest.

Ich orientiere mich an Gegebenheiten.

Wie kann ich den Keim in mir nähren, damit er zur vollen Größe gedeihen kann? Was verleiht mir Flügel? Wodurch wachse ich über mich hinaus?

Wahres Mitgefühl anstatt reine Pflichterfüllung; Vertrauen in den Fluss des Lebens haben; Gefühl der Ganzheit; Transformation des Gefühls des Allein-Seins in ein Gefühl der All-Einheit.

Beschreibe dich, wie du bist, wenn du etwas Großartiges erreicht hast, wovor du dich aber erst einmal gefürchtet hast:

Dem eigenen Stern begegnen

Wie Barbara Schütze bereits im Vorfeld betont hat, können wir in diesem Buch keine Übungen für Veränderungen der eigenen Strategien vorstellen, die uns auf Dauer selbst schädigen. Dies erfordert persönliche Maßarbeit über einen bestimmten Zeitraum hinweg. Als kleines Trostpflaster schicken wir dich dafür auf eine Reise. Es ist eine Reise zu deinem eigenen Stern am Firmament, um das Bild der IC/MC-Achse von Dane Rudhyar lebendig werden zu lassen (siehe Kapitel „Das Medium Coeli – die Himmelsmitte im Horoskop").

Wenn du willst, laden wir dich ein, diese Reise im Freien zu unternehmen. Am besten in der Nacht, wenn du über dir die Sterne funkeln siehst. Vielleicht unternimmst du diese Reise zusammen mit einigen Freunden und/oder deiner Familie. Und wenn der Boden warm genug ist, ziehe dir die Schuhe aus und stelle dich aufrecht hin. Finde die Stehposition heraus, in der du am besten verweilen kannst. Dann komme mit einigen Atemzügen zur Ruhe. Schließe die Augen.

Wer hoch hinaus will, braucht einen festen Boden unter den Füßen. Spüre mit deinen Füßen den Boden. Fühle, wie fest er ist und trotzdem birgt er unzähliges Leben. Spüre die Wärme, die von ihm aufsteigt. Sie umhüllt deine Füße und bettet sie in eine weiche Mulde. In deiner Vorstellungskraft sinken deine Füße ein wenig in die Erde ein, bis zu den Knöcheln. Um die Knöchel herum ist die Erde fest, jedoch hält sie dich weich umschlungen. Aus deiner Fußsohle wachsen kleine Wurzeln. Du kannst sie dir so ausmalen, wie du sie dir wünschst. Vielleicht sind es Wurzeln wie die eines Baumes, einer Pflanze, vielleicht sind es Adern, gefüllt mit deinem Blut. Sie werden größer und länger und graben sich tief in die Erde hinein.

So tief, dass du dich unglaublich stabil empfindest. Lasse sie noch tiefer wachsen. Sie treiben aus und finden ganz von selbst die Erdmitte. Im Kern der Erde angekommen nimmst du die vielen Wurzeln deiner Mitmenschen wahr. Hier ist der Ort, der uns alle miteinander verbindet. Hier beziehen wir unsere Kraft und unseren Schutz. In dieser Wärme erleben wir uns in einer immens großen Geborgenheit. Trinke nun mit deinen Wurzeln aus diesem Quell

147

des Lebens. Nehme auf diese Weise all das auf, was du brauchst, um dich geborgen und beschützt zu fühlen. Die Quelle versiegt nie und von nun an wirst du immer wissen, wo du sie findest, um dich an ihr zu erlaben. Zusammen mit allen anderen Menschen.

Wenn du deinen Durst gestillt hast, lässt du aus deinem Bauchnabel einen Lichtstrahl oder eine Nabelschnur keimen. Vielleicht hat sie eine bestimmte Farbe oder sie ist aus reinem Licht. Lasse sie ganz lang werden, so lang, bis sie zum Ende deiner Wurzeln reicht. Dort in der Mitte der Erde, dem Lebensquell, verankerst du sie. Du wirst schon wissen, auf welche Weise dies geschieht. Es ist gut, wenn du mit ihr hier in Verbindung bleibst. Denn um zu deinem Stern zu reisen, musst du die Erde verlassen können. Den Boden unter deinen Füßen aufgeben. Das bedeutet für einen kurzen Augenblick loszulassen. Im Moment des Loslassens verspüren wir Menschen einen ganz bestimmten Schmerz, der uns ängstigt und uns Unsicherheit und Haltlosigkeit empfinden lässt. Es ist der Schmerz der Erinnerung, wenn wir von der Erde abheben, um nach oben wachsen zu können. Um zu dem zu werden, zu dem nur wir imstande sind.

Mit dieser Nabelschnur bleibst du mit dem Quell des Lebens und der Geborgenheit immer in Verbindung. Sie hat die Fähigkeit, im Zentrum aller Dinge und mit dir verankert zu bleiben, auf dass du getrost deine Wurzeln vom Erdboden lösen kannst, um dem Himmel ein Stück näherzukommen.

Du kannst jetzt unbesorgt deine Wurzeln zurück- und einziehen, wie Antennen. Wenn deine Füße wieder Normalgröße erreicht haben, spürst du dich hinein, in das Pulsieren deiner Nabelschnur. Während du dem Pulsieren aus dem Erdinneren lauschst, merkst du, wie dich etwas an deiner Nase kitzelt. Reflexartig streichst du dir über dein Gesicht, aber das kitzelige Etwas fegt in regelmäßigen Abständen über dein Gesicht hinweg. Mag sein, dass du zu nießen beginnst oder zu lachen! Auf jeden Fall erweckt es deine Neugier und du öffnest in deiner Vorstellung die Augen.

Ein sehr dünner Faden tänzelt vor deinem Gesicht herum. Er ist so dünn wie der Faden einer Spinne, aus dem sie ihr Netzwerk erschafft. Greife nach diesem Faden und ziehe ihn bis auf den Boden.

Dort bindest du ihn an einem Grashalm fest, genau an der Stelle, an der sich deine Füße in den Boden eingegraben haben. Jetzt kletterst du an diesem seidenen Faden hoch. Deine Nabelschnur ist absolut flexibel und führt alle Bewegungen mit dir gleichzeitig aus, damit du dich ganz frei von allem fühlst, das dich in deiner Bewegung einschränken könnte. Außerdem wächst sie mit jedem Meter mit, mit dem du an Höhe dazugewinnst. In Baumhöhe beginnt der Faden an Dicke zuzunehmen. Er hat jetzt die Stärke eines Nähfadens erreicht. Klettere weiter, bis zu den Höhen der Berggipfel. Ab hier ist der Zwirn so breit wie ein Wollfaden. Sobald du die Troposphäre verlässt, hangelst du dich an einer Schnur weiter empor. Dann wird die Schnur zu einem Seil. Du kletterst immer weiter nach oben und deine Nabelschnur versorgt dich mit Sicherheit, damit du angst- und sorgenfrei gen Firmament emporschreiten kannst. Du bist schon so weit oben, dass du die letzte Schicht der Erdatmosphäre, die Exosphäre, verlässt.

Das Seil wird dicker und breiter, schließlich kannst du es am Rande unseres Sonnensystems nicht mehr umfassen. Wenn du in diesem Moment nach oben blickst, erkennst du, dass in einigen Metern das Seil in eine Leiter übergeht. Voller Hoffnung ziehst du dich an dem dicken Seil entlang, bis du die unterste Sprosse erreichst. Ab hier musst du dich nicht mehr so anstrengen, sondern steigst in deinem Tempo Sprosse für Sprosse die Leiter empor. Mit jedem Tritt fällt es dir leichter. Und jetzt erkennst du auch die Schönheit des Weltalls mitsamt seiner Lautlosigkeit. Schwerelos schwingst du dich weiter in die Höhe und bemerkst erst gar nicht, dass die Sprossen zu Stufen werden. Erst wenn du in naher Ferne ein einzigartiges Licht gewahr wirst, spürst du unter deinen Füßen die Treppen, die aus einem verwunderlichen Material zusammengesetzt sind. In diesem Augenblick wird dir bewusst, dass dich ein starker Sog so weit nach oben geführt hat.

Beim Anblick des Lichts weißt du auf einmal, wieso du diese Reise angetreten bist. Niemand hat dich dazu gezwungen, und doch bist du diesen Weg ganz alleine und freiwillig gegangen. Deine Schritte werden schneller und schneller… Du rast nur so dahin, dem Licht entgegen, so dass du die Stufen unter deinen Füßen kaum noch wahrnimmst. Ja, du schwebst regelrecht darauf zu! Es geht ganz leicht und du fühlst dich völlig schwerelos. Gleich tauchst du in das Licht ein und es umstülpt deinen Kopf, ganz sacht und behutsam. Du musst nichts weiter tun, denn das Licht zieht dich ganz von selbst zu sich hin. Du bist getragen in dem Meer aus Licht. Spüre wie du darin gleitest, schwebst oder fliegst. Lass es ruhig zu.

Wie von Händen getragen setzt du behutsam auf deinem Stern auf, nach dem du dich ein Leben lang gesehnt hast. Er ist zu einem Zeitpunkt geboren worden, an dem du geboren wurdest. Du weißt das. Es ist dein Stern, der fortwährend über deinem Haupt weilt und auf dich wartet. Er ist da, wenn du bereit bist, zu ihm hinaufzusteigen. Keiner kann dies für dich tun, denn niemand sieht deinen seidenen Faden, der dich zu deinem Stern führt. Der seidene Faden und der an ihm gebundene Stern sind nur für dich da, nur du kannst ihn erreichen, niemand sonst.

Du kannst deinen Stern jetzt fragen, wieso du so hoch geklettert bist. Was sollst du in deinem Leben erreichen? Was ist dein Lebensziel? Gibt es mehr davon? Oder willst du wissen, für welche Aufgabe du verantwortlich bist, die nur du erfüllen kannst? Frage auch nach den Dingen, die dich daran hindern, deine Aufgabe zu verwirklichen. All das und noch mehr... Du bekommst hier die Antworten auf deine Fragen, die dich über dich hinauswachsen lassen. Lass dir Zeit, solange du willst. Jetzt.

Irgendwann weißt du, dass du dieses Wissen auf Erden verwirklichen musst, damit du deinen einzigartigen Beitrag zur Welt leisten kannst. Für diese Aufgabe hält dein Stern ein Geschenk für dich bereit. Intuitiv spürst du, wo dieses Geschenk für dich aufbewahrt ist. Wenn du es jetzt brauchst, lasse es dir von deinem Stern übergeben. Wenn du es erst zu einem späteren Zeitpunkt benötigen solltest, dann hole es zu einer Gelegenheit ab, die für dich die richtige ist. Dein Stern bewahrt dein Geschenk lebenslänglich auf. Er verliert nichts. Er ist der Hüter deiner Ziele und Aufgaben. Du kannst ihn immer besuchen, wenn du ihn brauchst. Damit du ihn nie vergisst, behältst du von nun an ein unsagbares Leuchten in deinen Augen. Und immer, wenn dir irgendetwas zu anstrengend erscheint, um deine Aufgabe lösen zu können, erblicke dein Antlitz in einem Spiegel und du wirst durch dieses Leuchten an deinen

Stern erinnert werden. Flugs wirst du wieder wissen, wieso du genau diesen Weg eingeschlagen hast.

Jetzt bedanke und verabschiede dich bei deinem Stern.

Deine Nabelschnur weist dir den Weg zurück zur Erde. Du gehst strahlend und glänzend zunächst die Stufen und die Leiter hinunter. Rutschst wie ein Kind auf dem breiten Seil entlang, das sich zunehmend verdünnt, bis es zu einer Schnur, einem Wollfaden und schließlich zu dem seidenen Faden wird, von dem aus du deine Reise angetreten hast. Du setzt sanft mit deinen Füßen auf dem Boden auf.

Richte dich innerlich auf und atme drei Mal tief ein und aus. Dann öffnest du behutsam die Augen. Blicke hinauf zu deinem Stern – auch wenn du ihn im Moment nicht sehen kannst, er strahlt immer auf dich herab.

Ein Beispiel aus der Praxis

Astrosystemische Beratung für Lisa

Dagmar Wäscher

Wie sich unsere Arbeit in der Synthese praktisch durchführen lässt, möchten wir dir am folgenden Fallbeispiel erörtern. Hierbei erweist es sich von Vorteil, dass das individuelle Horoskop eine sehr persönliche astrosystemische Beratung (Dagmar) inklusive Coaching (Barbara) zulässt. Wir erhalten über das einzigartige Horoskop eines Menschen wesentliche Einblicke und Erkenntnisse über den Klienten und sein Anliegen, die wir in der beschriebenen „oberflächlichen" Art und Weise keineswegs so tiefgründig besprechen könnten. In der astrosystemischen Tätigkeit arbeiten wir hauptsächlich mit Konstellationen, die das „Problem" des Klienten versinnbildlichen. Für die astrologisch versierten LeserInnen unter euch geben wir dementsprechende Hinweise, um die Aussagen nachvollziehen zu können.

Eine Frau, aus personenschutzrechtlichen Gründen nennen wir sie hier Lisa, hat folgendes Anliegen:

„Über einen langen Zeitraum hinweg war ich zufrieden, wenn ich mich nach den Bedürfnissen meiner Freunde und Lebensgefährten gerichtet habe, sprich: meine Bedürfnisse sind die Bedürfnisse der anderen. Erst in den letzten Jahren merke ich zunehmend, dass ich selbst eigene Bedürfnisse habe und dass ich gar nicht weiß, was mich eigentlich ausmacht. Mein Problem besteht nun darin, meine eigenen Bedürfnisse zu äußern, ohne das Gefühl zu haben, dass ich damit den anderen große Umstände bereite. Ich selbst nehme viel in Kauf, um Wünsche aus meiner Umwelt zu erfüllen, stelle mich dabei hinten an, aber wenn ich mir einen Wunsch herausnehme, der andere betrifft und einbezieht, dann glaube ich ernsthaft daran, dass es mir nicht zusteht, derartige Wünsche zu äußern."

Ich werde dich nun auf eine Exkursion namens „Konstellationen sind Lösungen" mitnehmen. Diese Vorgehensweise wurde von meinem Mentor und Lehrer Christopher A. Weidner entwickelt (u.a. aus den Gebieten der Systemischen Strukturaufstellungen und Lösungsfokussierung), die im Grunde besagt, dass die Lösung bereits im Problem enthalten ist. Wir brauchen demzufolge nie das ganze Horoskop mit dem Klienten zu besprechen, sondern können uns auf den einen „verletzten" Punkt konzentrieren und das Problem lösungsorientiert betrachten. Dabei ist es wichtig, dass der Klient der Spezialist für sich selbst und sein Problem bleibt, und sich selbst ermächtigt, die eigenen Ressourcen zu mobilisieren (Empowerment).

Nun, das Anliegen der Klientin beinhaltet in der Gesamtheit mehrere Komponenten, die man in einigen Sitzungen abhandeln könnte. Wie sich durch das anschließende Gespräch herausstellt, geht es Lisa hauptsächlich darum, wie sie sich den Weg zu ihrem Selbst, zu ihrer Identität erschließen kann sowie um die Entwicklung der Fähigkeit, ihre eigenen Bedürfnisse erkennen zu können.

Wie du aus unseren Ausführungen über das Große Kreuz bereits erahnen kannst, liegt der Schlüssel zu Lisas „Glück" am Imum Coeli. Lies dazu ruhig noch einmal die Beschreibung im Kapitel „Das Große Kreuz – das Grundgerüst unseres Lebens" durch. Und jetzt blicken wir in Lisas Horoskop:

Ihre IC/MC-Achse liegt in den Tierkreiszeichen Krebs und Steinbock. Natürlich könnte ich mit der Deutung in den Zeichen arbeiten, aber was mir noch einen tieferen und individuelleren Einblick gewährt, das erfahre ich über die sogenannten Herrscherverhältnisse. Der Herrscher des IC, also des 4. Hauses, ist demnach der Mond. Und der Mond befindet sich in Lisas Horoskop im 12. Haus. Weil das 4. Haus, egal in welchem Zeichen es sich befindet, immer ein Mond-Haus, und das 12. Haus immer ein Neptun-Haus ist, so ergibt sich über den Herrscher des 4. Hauses, wenn er sich in Haus 12 befindet, eine Mond/Neptun-Konstellation (in Folge MO/NE geschrieben).

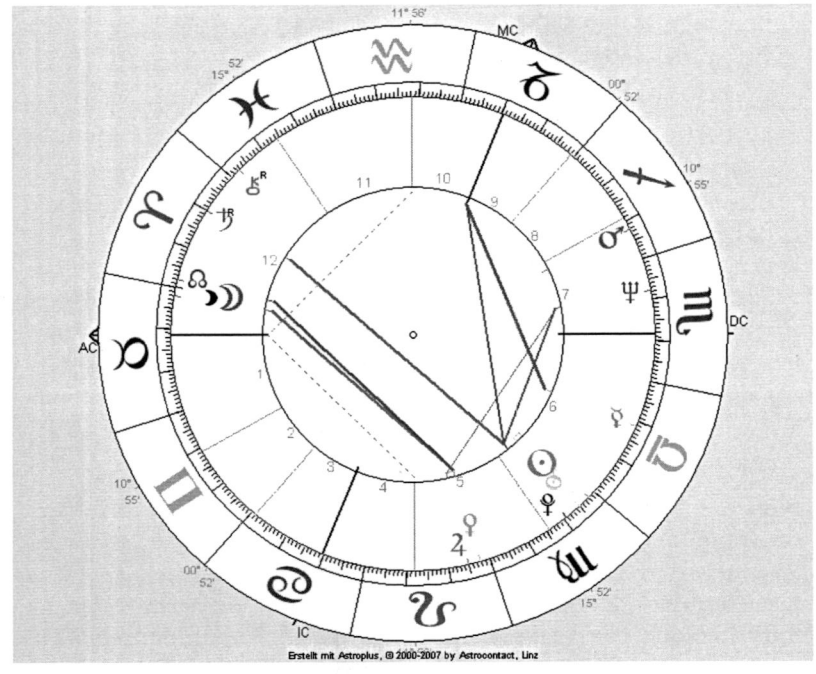

Abbildung 16: Horoskopgrafik von Lisa

MO/NE ist, kurz gesagt, die Suche nach der wahren Geborgenheit. Menschen mit einer derartigen Konstellation sind in ihrem System nach außen hin ungeschützt und im wahrsten Sinne des Wortes offen und grenzen-los. Sie nehmen endlos alle „Reize" auf und identifizieren sich mit allem und jedem. Das macht sie in ihrer Identität so orientierungslos und handlungsunfähig, wenn es um sie selbst gehen sollte. Um sich zu identifizieren benötigen sie für lange Zeit ihr Gegenüber und erschaffen sich dadurch eine Form von Abhängigkeit, die sie ins Bodenlose stürzen lässt, sobald die vertraute Person und/oder die vertraute Umgebung aus irgendeinem Grund wegfallen oder sich entziehen sollten. Ein großes Gefühl der Verlorenheit und Einsamkeit breitet sich dann aus.

Die Unfähigkeit, die eigenen Bedürfnisse nicht wahrzunehmen, resultiert jedoch auch aus dem Gefühl der Gleich-gültig-keit.

154

MO/NE-Bedürfnisse sind „gleich gültig", also können sich die Horoskopeigner weder für das eine noch für das andere entscheiden. So wird oftmals für sie und über sie entschieden, selbstverständlich mit dem nicht geäußerten Einverständnis des Horoskopeigners. Bei Lisa kommt noch erschwerend hinzu, dass der Mond (als Herrscher des IC) in Haus 12 steht. Hier ist ihr „Übergeordnetes" wichtiger als die eigenen Bedürfnisse und sie bekommt daher ein schlechtes Gewissen, wenn sich ein Gefühl für ihre eigenen Belange kundtun sollte.

Nachdem ich Lisa eine astrologische Darstellung ihres Problems abgeben konnte, erwähne ich zunächst ihre große Begabung, die ebenfalls darin enthalten ist, und fordere sie dazu auf, ihr bisheriges Verhalten zu würdigen. Viele Verhaltensweisen und Gefühle resultieren aus einem Überlebensprinzip und haben durchaus ihre Berechtigung. Irgendwann können sie sich gegen einen selbst wenden, wenn sie mehr Leid als Gesundheit erzeugen. Dann ist es gut, sie liebevoll zu verabschieden und neue, gesunderhaltende Möglichkeiten für den weiteren Lebensweg zu konstruieren. Dafür ist es nie zu spät.

Die besondere Fähigkeit der Menschen mit einer prägnanten MO/NE-Konstellation liegt in ihrer großen Intuition, ihrer grenzenlosen emotionalen Offenheit und enormen Sensibilität für das Gegenüber.

Immer, wenn man sich an einem Scheideweg befindet, fällt es schwer, den nächsten Schritt zu gehen. Nicht unbedingt, weil der Mut dazu fehlt, sondern weil wir noch nicht wissen, wie das Neue aussieht und sich anfühlt. Bevor ich also mit Lisa weiterarbeite, stelle ich ihr die Wunderfrage.

Dagmar: „Angenommen, dein Problem wäre über Nacht verschwunden und du würdest am nächsten Morgen aufwachen. Aber du weißt nicht, dass dieses Wunder geschehen ist - woran würdest du dies erkennen? Wie würdest du dich z.B. dann fühlen?"

Lisa: „Ich gehe dann einfach meinen Bedürfnissen nach, habe keine Zweifel mehr."

Dagmar: „Kannst du noch genauer beschreiben, wie es ist, keine Zweifel mehr zu haben?"

Lisa: „Ich fühle mich sicher und habe Vertrauen."

Dagmar: „Gut! Erzähle mir doch noch bitte, wie sich Sicherheit und Vertrauen für dich anfühlen."

Lisa: „Ich bin klar, ruhig und strahlend! Und... Ich kann gut für mich sorgen, z.B. brauche ich nicht zu rauchen."

Dagmar: „Das ist schon ein starkes Gefühl und eine wichtige Kraft, in die du dich jetzt begeben hast. Wie sieht z.B. deine neue Umgebung aus, in der du dich nun befindest?"

Lisa: „Ich befinde mich in einer hügeligen Berglandschaft. Über mir der blaue Himmel und die Sonne strahlt auf mich herab. Ich liege ausgestreckt auf einer Wiese..."

An ihrer Intonation und Ausstrahlung merke ich, dass sie sich in ihr neues Bild, das schon immer in ihr vorhanden ist, eingeklinkt hat. Zusammen entwickeln wir für sie einen neuen Glaubenssatz, der sie immer in dieses Bild zurückholt, wann immer sie danach verlangt. Er lautet: *Ich fühle mich aufgehoben in dem Einen / Großen / Ganzen, auch mit dem Gefühl, allein zu sein.* Eine wunderbare MO/NE-Entsprechung!

Im nächsten Schritt finden wir heraus, was Lisa bislang gehindert hat, ihr Ziel zu erreichen. Was macht es für sie so schwer, zu ihrem Ziel zu gelangen?

Lisa: „Eigentlich ist der Weg zum Ziel das Hindernis. Ich bin von mir selbst nicht gerade beeindruckt, sondern immer nur von den anderen. Von meinen Eltern habe ich nie das Gefühl erhalten, Schutz zu bekommen. Niemand ist für mich eingestanden. Ich habe dadurch ein unglaubliches Schutzbedürfnis entwickelt und die Angst, mich selbst nicht beschützen zu können. Also suche ich mir „Beschützer" als Partner und Freunde aus. Deswegen suche ich mir Leute, die mit mir etwas zusammen unternehmen, weil ich dazu alleine nicht fähig wäre."

Dagmar: „Gab es denn schon einmal eine Situation, in der du alleine etwas unternommen hast?"

Lisa: „Oh ja, ich habe mich beispielsweise dazu entschlossen, eine Ausbildung zum Kinästhetik-Trainer zu machen; ich bin dazu ganz allein über 650 km mit dem Auto gefahren und habe in dem Kurs auch niemanden gekannt. Oder ich bin zu einem Konzert meines Lieblingsliedermachers gegangen."

Dagmar: „Was hast du denn da anders gemacht? Was hat dir geholfen, deinem Bedürfnis alleine nachzugehen?"

Lisa: „Wenn der Wunsch so groß ist, dass ich etwas bekommen will, kann ich etwas alleine machen. Aber ich brauche ein konkretes Ziel, um etwas unternehmen zu können. Dann muss ich wissen, wie ich da hinkomme, wie ich es erreiche. Also, ich muss wissen, dass ich mich da auskenne, welches Verkehrsmittel ich z.B. nehmen muss. Das Unerwartete macht mir Panik; mit einer Situation nicht zurechtzukommen, davor habe ich Angst. Das Seltsame ist, dass mir vor Kurzem etwas Unerwartetes widerfahren ist und ich trotzdem gut damit klar kam. Als ich mal wieder zu einem Seminar meiner Ausbildung gefahren bin, da merkte ich nach halber Strecke, dass ich meinen Koffer vergessen hatte. Normalerweise wäre ich danach zu nichts mehr fähig gewesen, hätte vielleicht heulend meinen Mann angerufen. Aber erstaunlicherweise wusste ich genau, was zu tun war. Habe mir auf die Schnelle ein T-Shirt und eine bequeme Hose für die Trainingsstunden gekauft und konnte damit gut weiterleben, ohne in Panik zu fallen."

Bei der Frage nach den Ressourcen, was einem geholfen hat, etwas anders zu machen, können wir ruhig nach anderen Konstellationen Ausschau halten, die solche Helfer repräsentieren können. Während Lisa erzählt, fällt mein Blick sofort auf das Medium Coeli (MC): die Ressourcen für Lösungsstrategien! Das MC befindet sich bei Lisa im Zeichen des Steinbocks: „ein konkretes Ziel", „wissen, wie ich da hinkomme", „das Unerwartete macht Panik". All dies symbolisiert die Qualität des Zeichens Steinbock: Das strukturierte Vorgehen und die Klarheit zu wissen, wie etwas zu bewältigen ist. Das vermittelt Sicherheit für die Betroffenen.

An und für sich steht Lisa diese Ressource immer zur Verfügung, aber es brauchte anscheinend einige Male an Erfahrung, eine unsichere Situation zu meistern, um sich trotz der Ängste ein alleiniges

Unternehmen zuzutrauen. Der springende Punkt ist jedoch der: Sie wird diese Situationen weitgehend meistern! Darauf kann sie sich verlassen.

Dagmar: „Was meinst du selbst, wieso du dich trotz der Fähigkeit, alleine Situationen zu meistern, nach den Bedürfnissen der anderen richtest? Könnte es sein, dass es für irgendwas nützlich war? Hat es dich vor etwas beschützt?" Bei dieser Frage suchen wir nach der guten Absicht hinter dem Problem. Es ist so etwas, wie ein verdeckter Gewinn, der zwar einen inneren Anteil von uns beschützt, wofür aber im Ergebnis ein zu hoher Preis bezahlt wird.

Lisa: „Hm... da ich mich auf jeden gut einstellen kann, haben mich die Menschen gern. Aber im Grunde schränke ich mich dadurch selbst ein, weil ich mir nicht die Freiheit nehme, meine Bedürfnisse zu leben. Ich schließe mich den Bedürfnissen der anderen an, aus Angst, alleine dazustehen. Das Fatale ist, ich bin dann auf die anderen wütend, weil sie mich ja einschränken! Das löst Schuld bei den anderen aus und so gewinne ich sie für mich. Aber der Preis ist, dass ich mich hinten anstelle, ich gebe mich auf."

Lisa wurde es erst so richtig während unseres Gespräches bewusst, was sie bei sich selbst und bei den anderen „anrichtet". Ich ergänze den Preis, den sie dafür bezahlt, mit dem Hinweis, dass auf diese Weise wahre Begegnung nicht stattfinden kann, wenn sich ein gegenseitiges Abhängigkeitsverhältnis reproduziert.

Wenn es der Klient wünscht, wird zusammen die zukünftige Aufgabe entwickelt, um zu dem wiedergefundenen Ziel zu gelangen. Bei Lisa muss ich keine Schwerstarbeit mehr leisten. Sie wusste von Anfang an für sich, wie ihre jetzige Aufgabe lautet: „ich weiß, dass ich momentan vieles alleine machen muss."

Ich lege ihr noch ans Herz, dass ihr diese Entscheidung auch dabei helfen wird, um der Reizüberflutung des Alltags Herr zu werden, und auf die innere Stimme hören zu können. Dann fällt mir noch eine Botschaft aus dem Film „Samsara" ein, die ich ihr ebenfalls mit auf ihrem Weg geben möchte: *Alles, was dir begegnet, ist eine Möglichkeit, deinen Weg zu gehen.*

Nach dieser Beratung verabschiede ich mich von Lisa und biete Ihr an, das Ganze noch einmal zu überschlafen, um etwas später, wenn es für sie stimmig ist, in einem telefonischen Gespräch noch etwaige Fragen zu klären. Natürlich möchte ich auch wissen, wie es ihr nach dieser Beratung ergangen ist und welche Gefühle dies in ihr auslöste. Als sie mich anrief, vernahm ich schon beim ersten Tonfall, wie gut es ihr gerade geht. Auch irgendwie erleichtert. Dennoch äußerte sie den Wunsch, dieses Gefühl stabilisieren zu wollen, und bat mich um einen diesbezüglichen Ratschlag: „Nach der Beratung sind mir viele Verhaltensweisen bewusst geworden, nicht nur die negativen, sondern auch die positiven Seiten dieser Konstellation! Was ich sehr schön und auch beruhigend empfinde, ist, dass ich die Lösung in mir trage und mich eigentlich auf mich verlassen kann. Trotzdem würde ich mir noch zusätzlich zur Überwindung meiner Ängste, meinem nach außen gerichteten Schutzbedürfnis, und zur Bewusstwerdung und Stabilisierung meiner Ressourcen, etwas Unterstützung von jemandem wünschen, damit ich im Alltag ein Instrument zur Hand habe... Um mir alleine zur Seite zu stehen, wenn es wieder einmal in mir einzustürzen droht und ich mich hilflos fühle. Wie kann ich dann in kurzer Zeit zu meiner Ressource *‚die Klarheit zu wissen, wie etwas zu bewältigen ist'* gelangen? Könntest du mir einen Tipp geben, bei wem ich mir diesbezüglich Hilfe holen kann?“ Na, und ob ich das kann!

Ein Coaching für Lisa

Barbara Schütze

Als Lisa zu mir kam waren folgende Themen für sie wichtig:

„Ich höre mir immer alles an, ich bin quasi der Abfalleimer für die anderen. Ich mach mir immer Sorgen um die Probleme der anderen. Ich fühle mich abhängig und meinen unangenehmen Gefühlen dann ausgeliefert. Ich mache nicht das, was *mir* wirklich wichtig ist. Ich passe mich zu sehr den Bedürfnissen anderer an. Dann bin ich total genervt.

Ich stehe vor einer praktischen Prüfung im Rahmen meiner beruflichen Weiterbildung und bin sehr unsicher, ob das auch stimmt, was ich mache. Ich habe immer Zweifel an meinen Fähigkeiten. Ich muss z.B. in der Präsentationsrunde schlagfertig sein, aber mir fällt nichts ein. Danach bin ich über mich enttäuscht."

Ich ließ Lisa erst ein bisschen erzählen, in welchen Situationen das denn vorkommt. Sie meinte, das zieht sich im privaten und im beruflichen Kontext durch. Ob das mit einer Freundin ist, mit ihrem Partner oder mit Kollegen, es ergeben sich einfach immer wieder derartige Situationen. Lisa erzählte mir viel in Bildern. Es sei für sie immer wichtig, sich etwas oder eine Person visuell vorstellen zu können. Dann gehe alles leichter. Das habe ich mir gemerkt, da ihre Fähigkeit zu visualisieren für eine erfolgreiche Veränderungsarbeit unterstützend sein wird.

Ich bat sie eine Situation auszuwählen, in der es ziemlich schlimm für sie war. Sie entschied sich für eine private Situation im Urlaub. Sie war mit ihrem Mann auf Teneriffa und hatte nicht den Mut, ihre Wünsche zu leben. Lisa wollte gerne auf einen Berg gehen, doch ihr Partner hatte hierzu keine Lust, woraufhin sie überlegte: „Soll ich jetzt alleine gehen? Mich einer Reisegruppe anschließen, von denen ich aber niemanden kenne? Bleibe ich doch lieber hier…?" Mit diesen und noch mehr Gedanken drehte sie sich im Kreis, mit dem

Ergebnis, nicht auf den Berg gegangen zu sein. Und wieder war sie genervt und sauer, auf sich und ihren Mann.

Ich entschied mich für eine Technik, bei der die Fähigkeit des Visualisierens und Dissoziierens eine wichtige Voraussetzung ist. Im Folgenden beschreibe ich Schritt für Schritt die Übung.

Theatertechnik

Barbara: „Lisa, stell dir Folgendes vor: Vor dir befindet sich eine Bühne, wie im Theater. Du siehst dir und deinem Mann zu. Sprich bitte über dich selbst immer in der dritten Person z.B.: Lisa sagt, macht etc. Kannst du mir bitte die Situation mit deinem Partner so lebendig wie möglich beschreiben? Was du siehst, hörst, spürst, riechst und schmeckst."

Lisa: „Also, das war in der Küche unseres Appartements. Mir, nein Lisa, kam der Raum so kleinräumig vor, eher hell mit erdigen Farben, wie in einer Mondlandschaft. Lisa selbst war sehr erregt, hat schnell und laut gesprochen. Lisas Mann sagte eher weniger, dann erst leise und allmählich auch lauter werdend: Du mit deinen tausend Diskussionen!

Lisa musste aber unbedingt ihren Frust rausreden. Sie war sauer auf ihn und auf sich selbst, weil nichts weiterging. Insgesamt haben sich beide wenig bewegt, es war windig. Geruch und Geschmack ist in dem Moment nicht wahrnehmbar."

Barbara: „Kannst du jetzt bitte dieser Situation einen Titel geben, wie in einer Komödie oder Tragödie, eher etwas überspitzt?"

Lisa, mit belustigtem Tonfall: „Quatschköpfe in der Küche!"

Barbara: „Okay. Würdest du dann bitte allen beiden Beteiligten noch die passenden Kostüme dazu anziehen?"

Lisa: „Also mein Mann hat einen schlabberigen Morgenmantel an, in dunkelblau, und Socken. Lisa hat ein gelbes Sporttop an, eine ¾-Hose und Treckingsandalen."

Barbara: „Nun bitte ich dich ganz laut von links nach rechts Zirkusmusik durch die Inszenierung laufen zu lassen. Wie reagieren die beiden darauf?"

Lisa: „Beide stehen still und schauen der Musik nach".

Barbara: „Bitte erinnere dich jetzt an eine Situation in deiner Vergangenheit, in der du ganz zielstrebig das gemacht hast, was du wirklich wolltest, ohne Rücksicht auf andere."

Lisa: „Da muss ich erst mal überlegen. Warte. Ah ja, ich hab's. Es war etwas Neues. Ich wollte einen bestimmten Film im Kino sehen. Keiner wollte mit und ich wollte unbedingt hin. Da war es mir dann egal, ob ich mit jemandem hingehe oder alleine. Ich habe mir die Information eingeholt, wo und wann der Film läuft, dann die S-Bahn rausgesucht, mit der ich fahren wollte und sagte mir innerlich: ‚Da fahr ich hin!' Ich habe mir die Karte gekauft, habe alleine an der Bar einen Kaffee getrunken und mich absolut super gefühlt. Den Film konnte ich total genießen."

Barbara: „Super! Du hast also die nötige Ressource, die du bräuchtest, um alleine etwas durchzuziehen, das dir wichtig ist, schon zur Verfügung! Nun lass bitte vor der Bühne den Vorhang zugehen, der erste Akt ist vorbei. Jetzt bittest du deine Kraftquelle - erinnerst du dich an deine Kraftquelle, die wir in der letzten Coachingstunde herausgeholt haben? - dass sie alle Ressourcen, die Lisa in der Teneriffa-Situation bräuchte, hineinfließen lässt. Du brauchst nichts weiter tun, als darum zu bitten und es geschehen zu lassen. Deine Kraftquelle hat zwei Minuten dazu Zeit, alle Zeit, die sie braucht, um das für dich zu tun. Währenddessen erzählst du mir, was zu deiner Kraftquelle alles dazugehört."

Lisa: „Also meine Kraftquelle ist blau, mit viel Licht und ganz breit. Eine Spirale, die an den Füßen beginnt und sich dann nach oben ausdehnt. Es ist ganz warm, Vögel zwitschern eher leise, wenig Geräusche, beruhigend, es ist eine Landschaft in den Bergen. Ich kann den Duft der Bergwiese riechen, frische klare Luft und es schmeckt nach klarem Wasser. Ein paar Fische sehe ich noch. Hier bin ich ganz relaxed und voller Energie."

Barbara: „Gut, spür dich noch mal richtig in diese Qualitäten hinein. Atme drei Mal tief durch und dann gehen wir wieder mit der Aufmerksamkeit zur Theaterbühne. Der Vorhang geht auf und deine Kraftquelle zeigt dir, was jetzt in der Situation auf Teneriffa anders ist als vorher."

Lisa: „Die Küche ist jetzt offen, die Tür nach draußen zur Terrasse ist offen, alles ist weiter als vorher. Beide stehen auf der Terrasse. Lisas Mann hat jetzt ein khakifarbenes T-Shirt an, trägt eine helle Leinenhose und hält ein Glas in der Hand. Lisa trägt ein buntes Kleid mit vielen Blumen darauf. Es ist still, beide blicken in die Weite, zum Vulkan hin. Die Szene strahlt Ruhe und Gelassenheit aus. Beide genießen, Lisa fühlt sich wohl und zufrieden. Lisa kann den Urlaub genießen, sie hat Geduld, kann die Dinge so nehmen, wie sie sind. Sie hat viele Möglichkeiten, kann die Dinge auf sich zukommen lassen, muss nichts erzwingen. Beide strahlen. Die Terrasse hat eine kleine Mauer, eine kleine Hürde, doch locker zu bewältigen. Jetzt geht mir ein praktischer Gedanke durch den Kopf: Gutes Schuhwerk brauche ich!"

Barbara: „Wenn du nun die verwandelte Szene betrachtest, Lisa, gibt es noch etwas zu verbessern oder ist es gut so?"

Lisa: „Nein, so ist es super!"

Barbara: „Dann bitte ich dich jetzt, die verwandelte Lisa mit all ihren Qualitäten und Möglichkeiten wie eine gute Freundin zu umarmen und in dich hineinzuholen. Integriere, verschmelze ganz mit diesem bereicherten Selbst von dir."

Lisa steht auf und umarmt sich selbst: „Ich stehe jetzt aufrecht, bin ganz liebevoll. Oh, das tut gut!"

Barbara: „Wenn du zukünftig wieder einmal mit deinem Mann unterwegs bist, was wirst du dann anders machen?" (Future Pace)

Lisa: „Erstens: Jetzt würde ich mich informieren, z.B. ob es ein Navigationssystem bei der Leihwagenfirma gibt, ich würde für Sicherheit sorgen. Zweitens: Ich würde nach Alternativen zum Bergwandern suchen, was kann ich noch machen? Flexibel in mir sein. Gedanken loslassen.

Drittens: Ich lenke den Fokus auf etwas anderes, Positives, schreibe mir auf, was alles toll in diesem Urlaub ist.

Ich schaue meinen Mann genau an, nehme seine Schönheit wahr. Ich liebe ihn ja."

Barbara: „Danke, Lisa, dann kannst du dich überraschen lassen, wann du bemerken wirst, dass dir diese neuen Möglichkeiten gelungen sind, vielleicht ist es im nächsten gemeinsamen Urlaub, vielleicht schon früher. Vielleicht ist es zu Hause oder sogar in einer Arbeitssituation, in der du ähnliche Alternativen brauchst. Vielleicht spürst du dich anders als bisher, oder es kommen weitere zukünftige Situationen in deiner Wahrnehmung vor. Wie auch immer, ich bin gespannt was du mir berichten wirst."

Vier Wochen später hatten wir den nächsten Termin. Sie konnte sich nicht erinnern, dass es in der Zwischenzeit eine Situation gegeben hätte, in der sie sich selbst untreu geworden wäre. Sie meinte, es wäre gar nicht mehr in ihren Gedanken gewesen.

Als nächstes stand die Abschlussprüfung ins Haus und Lisa musste im Praxisteil einen Workshop geben. Sie fühlte sich sehr unsicher: „Stimmt das auch, was ich mache? - Zweifel an den eigenen Fähigkeiten - mir fällt nichts ein, wenn die mir Fragen stellen - ich kann das nicht, ich kann gar nichts mehr - meine Meinung ist nichts wert - wenn ich einen Fehler mache, leidet mein Patient..." war ihr innerer Dialog.

Sie hatte eine sehr hohe Erwartungshaltung an sich selbst. Und ihr Selbstwert war im Keller. Ich führte mit ihr eine Bewegungsübung durch:

Schnelle Gefühlsveränderung durch Hin- und Herhüpfen

Barbara: „Lisa, bitte spür noch einmal das ungute Gefühl mit all den Gedanken dazu. Nun stell dich bitte auf ein Bein. Wie lautet kurz der Satz zu dem unguten Gefühl?"

Lisa: „Ich zweifle an mir"

Barbara: „Nun stell dich bitte auf das andere Bein. Wie lautet das Gegenteil?"

Lisa: „Ich bin gut."

Barbara: „Okay. Jetzt sagst du auf dem jeweiligen Bein den dazu gehörenden Satz und beginnst dabei langsam hin und her zu hüpfen. Dann hüpfst du allmählich schneller, sagst jedoch immer die ganzen Sätze hintereinander, und zwar laut und deutlich. Irgendwann stimmen die Beine nicht mehr zu den Sätzen, das macht nichts, immer weitermachen. (Lisa hüpfte ungefähr zwei Minuten lang hin und her). Irgendwann merkst du, dass der negative Satz und das Gefühl kippen.

Jetzt komm bitte wieder zur Ruhe. Warte bis sich dein Kreislauf ganz beruhigt hat. Was ist jetzt anders?"

Lisa: „Ich seh es, aber ich glaube es noch nicht."

Barbara: „Hüpf mit den beiden Sätzen noch einmal, bitte." (Lisa hüpft wieder für ca. zwei Minuten.)

Lisa: „Jetzt muss ich überlegen. Warum glaube ich es eigentlich nicht? Irgendwie bin ich gleichgültiger, neutraler als vorher."

Barbara: „Was würdest du jetzt sagen, wenn du an die Prüfung denkst?"
Lisa (viel ruhiger): „Ich bin sicher, ich kann's."

Barbara: „Gut, dann hüpfe jetzt mit den positiven Sätzen hin und her." (Wieder ca. zwei Minuten hüpfen.)

Lisa: „Ich fühl mich fitter, ich bin aufrecht, innerlich ganz ruhig."

Barbara: „Gut, dann lass uns mit dieser Ruhe ein Zielbild für deine Prüfungssituation aufbauen. Wie siehst du dich in der Prüfung?"

Lisa: „Es geht von selbst, ich bin sicher und in meiner Präsentation voller Energie. Ich stehe aufrecht, die Leute sitzen im Kreis, es ist hell."

Barbara: „Was hörst du? Wie ist deine Stimme?"

Lisa: „Ich erkläre mein Thema mit fester Stimme und gleichmäßigem Sprechtempo. Dazwischen mache ich mal eine kurze Pause. Ich betone bestimmte Wörter."

Barbara: „Wie sind deine Gestik, dein Ausdruck?"

Lisa: „Ich bewege meine Arme mit runden Bewegungen, kraftvoll, unterstreiche damit, was ich sage. Meine Bewegungen sind frei."

Barbara: „Wie riecht es da?"

Lisa: „Geruch nach meinem Lieblingsparfum, frisch-herb-klassisch-edel und feminin. Das erdet mich, gibt mir Standfestigkeit. Die Luft ist frisch, ich schmecke frisches Wasser."

Barbara: „Wann hast du die Prüfung?"

Lisa: „Kommenden Freitag."

Barbara: „Welche Personen sind beteiligt?"

Lisa: „Zwei Lehrer sind dabei, 6-7 andere Schüler."

Barbara: „Was ist der Gewinn, den du durch dein Ziel bekommst?"

Lisa: „Ich bleibe sicher, selbst wenn ich einen Fehler mache. Ich kann ja zum sicheren Terrain überleiten. Jeder versteht mich, wenn ich auch mal etwas falsch mache, dadurch bin ich menschlich. Ich bringe das Thema gut rüber."

Barbara: „Auf was musst du zugunsten deines Zieles verzichten?"

Lisa: „Auf freie Abende, ich möchte noch mehr üben. Praktisch und theoretisch."

Barbara: „Welche Schritte setzt du bis Freitag?"

Lisa: „Ich übe noch zwei Mal praktisch und lese die Theorie ein bis zwei Mal durch. Dabei überarbeite ich gleich mein Konzept."

Barbara: „Was war der Nutzen von deinem bisherigen Verhalten? Was haben dir die Unsicherheit und der Selbstzweifel gebracht?"

Lisa: „Sicherheit, Energie. Und Rückbestätigung von außen."

Barbara: „Willst du diese Form der Sicherheit, Energie und Rückbestätigung beibehalten?"

Lisa: „Sicherheit habe ich, Energie auch, Rückbestätigung, dass ich gut bin brauche ich nicht unbedingt. Hey, ich bin jetzt viel größer!!! Ich bin konzentriert auf die Woche, leicht. Ich weiß, was ich in der Prüfung mache: Ich werde ganz oft die Perspektive wechseln, im Raum umhergehen und Bewegung reinbringen, das ist es: Mit Bewegung mach ich's."

Barbara: „Danke Lisa und viel Erfolg bei deiner Prüfung. Falls du dich davor doch noch einmal unsicher fühlen solltest, dann kannst du einfach noch einmal hüpfen."

Eine Woche später erhalte ich eine Email von Lisa:

Es war eine Superprüfung, die ich insgesamt mit einer Eins abgeschlossen habe! Der Workshop war toll, ich war gar nicht aufgeregt und mir ist selbst während der Stunde noch mehr eingefallen, womit ich das Thema noch besser unterstreichen konnte (also ganz schön flexibel und gewitzt, was?!). Die Teilnehmer waren begeistert und meinten, sehr viel gelernt zu haben. Deine Übung mit dem Hüpfen musste ich nicht mehr wiederholen, es war einfach nicht mehr nötig! Super, was?

Ich freue mich total und danke dir vom ganzen Herzen!

Lisa

Kleine Erläuterungen zum Lesen einer Horoskopgrafik

Dagmar Wäscher

Eine Horoskopgrafik erstellen

Um dein persönliches Horoskop erstellen zu können, benötigst du folgende Daten: dein Geburtsdatum, den Ort, in dem du geboren wurdest und die genaue Geburtszeit. Diese bekommst du gegen eine kleinen Aufwandsgebühr von dem zuständigen Standesamt mitgeteilt. In manchen Geburtsurkunden ist sie schon vermerkt. Auch Kirchen archivieren Geburtszeiten. Mutterpässe könnten eine weitere Alternative darstellen. Mit ungefähren Angaben zu einer Geburtszeit arbeite ich persönlich nicht. Wer die Astrologie ernst nimmt, wird dies auch tunlichst vermeiden.

Dank der technischen Erneuerungen kannst du dir mittels Astrologieprogrammen eine Horoskopgrafik erstellen. Für die meisten von euch wird speziell dafür ein eigenes Astrologieprogramm nicht in Frage kommen. Daher möchte ich dir einen Anbieter im Internet empfehlen, bei dem du kostenlos eine Grafik erhalten kannst. Es ist das astrologische Online-Journal von Phoenix-Astrologie auf www.astrophoenix.de. Den gewünschten Service findest du unter der Rubrik „Horoskop":
www.astrophoenix.de/index.php/astrophoenix-online-horoskop.

Die Achsen in den Tierkreiszeichen lesen

Um herauszufinden, in welchem Tierkreiszeichen sich dein Aszendent, Deszendent, Imum Coeli und Medium Coeli befindet, ist es für dich nur relevant, die Symbole der Tierkreiszeichen zu verstehen.

168

Nach dem Lesen dieses Buches weißt du jetzt, wo die vier Faktoren in einer Horoskopgrafik zu finden sind. In dem Kreis der Tierkreiszeichen suchst du dir die entsprechenden Zeichen heraus: das Tierkreiszeichensegment, in dem z.B. der Aszendent fällt, entspricht dem Zeichen deines Aszendenten. Die einzelnen Symbole bedeuten:

♈ = Widder

♉ = Stier

♊ = Zwillinge

♋ = Krebs

♌ = Löwe

♍ = Jungfrau

♎ = Waage

♏ = Skorpion

♐ = Schütze

♑ = Steinbock

♒ = Wassermann

♓ = Fische

Aber wie schon im diesbezüglichen Kapitel beschrieben, kannst du ganz beruhigt intuitiv an die Übungen herangehen. Zum besseren Verständnis musste ich den Tierkreis „aufbrechen" und die Reinheit des Zeichens wiedergeben. Als Mensch wird sich wohl niemand so „gesplittet" erleben. Vielmehr fließen die Energien ineinander über. Wenn sich in deinem Horoskop z.B. das Zeichen Wassermann am Imum Coeli befindet, du dich jedoch mehr von den Aussagen des Skorpions angesprochen fühlst, dann lasse dich unbesorgt auf die „skorpionischen" Übungen ein. Astrologisch betrachtet könnte es sein, dass ein wesentlicher Faktor, der in diesem Buch nicht behandelt wurde, in Verbindung mit diesem Zeichen steht. Durch die Resonanz fühlst du dich deswegen davon angesprochen.

Danksagungen

Von Dagmar:

Für alle, die mich lieben, an mich glauben und mich auf meinem Weg begleiten! Innigsten Dank an Moni, meiner Herzensschwester: ohne dich wäre dieses Buch nicht vollständig geworden. Barbara, durch deine Arbeit begab ich mich auf den Weg zu mir, damit auch dieser Traum wahrhaftig werden konnte! Dieses Buch brachte uns zwar an unsere Grenzen, aber auch darüber hinaus. Christopher, meinem Bruder im Geiste, du lehrtest mich viel von deinem astrologischen Wissen und förderst mich stets in meiner Selbstentwicklung. Nicht zu vergessen, Brigitte, die mich sehr an der Arbeit zur IC/MC-Achse inspirierte, und der ich das Zitat aus dem Samsara-Film verdanke. Und natürlich meinen astrologischen Seelengeschwistern, die mich mein Wunder erleben ließen. Was für Geschenke!

Von Barbara:

Herzlichen Dank all meinen Teilnehmern und Teilnehmerinnen, Lesern und Leserinnen, die ich bisher begleiten durfte, für euer Vertrauen, euer Lachen und das Lernen an und mit euch! Danke an Jonathan, meinen Lehrer und Meister! Du bist ein großartiger Sohn! Jürgen, meinem lieben Mann, dass du uneingeschränkt an mich glaubst und mich unterstützt! Dagmar, ich freue mich über 20 Jahre Verbundenheit und Freundschaft mit sämtlichen Höhen und Tiefen, Nähe und Distanz! Danke an mein Team für ein Miteinander in großem Respekt und Achtsamkeit! Danke all den Lesern und Leserinnen dieses Buches: Ich wünsche euch ein Leben voller Liebe und Erfülltheit!

Literaturempfehlungen

Astrologische Literatur

Hamann, Brigitte: Die zwölf Archetypen, München 2001

Hamann, Brigitte: Ihr Lebensziel, Tübingen 2002

Phoenix Astrologie: Gibt es eine seriöse Astrologie?, Broschüre gegen Portokosten bei Phoenix Astrologie erhältlich. Sie kann bei Sabine Bends, Liebermannstr. 3, 50933 Köln angefordert werden.

Rudhyar, Dane: Die Astrologie der Persönlichkeit, Tübingen 2001

Sasportas, Howard: Astrologische Häuser und Aszendenten, München 2000

Weidner, Christopher A.: Astrologie für Einsteiger, München 2001

Weidner, Christopher A.: Das Arbeitsbuch zum Horoskop, München 2001

Weidner, Christopher A.: Aszendent – Quelle der Kraft, München 2006

Weidner, Christopher A.: Astrologie des Glücks, München 2004

Weidner, Christopher A. und Bends, Sabine: Einführung in die intuitive Astrologie, München 2005

Literatur zu Public Health

Bundeszentrale für gesundheitliche Aufklärung: Was erhält Menschen gesund?, Köln 2001

Jork, Klaus und Peseschkian, Nossrat (Herausgeber): Salutogenese und Positive Psychotherapie, Bern 2003/2006

Literatur zu NLP und Coaching

Müller, Gabriele und Hoffmann, Kay: Systemisches Coaching, Heidelberg 2003

O'Connor, Joseph und Lages, Andrea: Coaching mit NLP, Freiburg 2005

Robbins, Anthony: Grenzenlose Energie - Das Power Prinzip, München 1999

Satir, Virginia: Kommunikation-Sebstwert-Kongruenz, Paderborn 1996

Schütze, Barbara und Czernin, Monika: Der Kaiserin neue Kleider, Paderborn 2001

Walker, Wolfgang: Abenteuer Kommunikation, Freiburg 1998

Persönliche Empfehlungen

Arntz, William / Chasse, Betsy / Vicente, Mark: Bleep, Kirchzarten bei Freiburg 2006

Bauer, Joachim: Das Gedächtnis des Körpers, München 2004

Bennett, John G.: Transformation oder die Kunst sich zu verwandeln, Soyen 1978

Braden, Gregg: Im Einklang mit der göttlichen Matrix, Burgrain 2007

Chopra, Deepak: Die sieben geistigen Gesetze des Erfolgs, München 1996

Dawson, Michael: Der Weg der Vergebung, München 2006

De Mello, Anthony: Eine Minute Unsinn, Freiburg im Breisgau 1993

Hesse, Hermann: Bäume, Frankfurt am Main 1984

Hicks, Esther und Jeremy: Ein neuer Anfang, München 2004

Hicks, Esther und Jeremy: The Law of Attraction - Das kosmische Gesetz der Anziehung, Berlin 2008

Hillman, James: Charakter und Bestimmung, München 1998

Ingermann, Sandra: Heilung für Mutter Erde, Berlin 2006

Sams, Jamie: Die Traumpfade der Indianerin, München 1999

Sparrer, Insa: Einführung in Lösungsfokussierung und Systemische Strukturaufstellungen, Heidelberg 2007

Tolle, Eckhart: Leben im Jetzt, München 2002

Im Internet

http://www.lebedichselbst.de

http://www.asys-akademie.de

http://www.phoenix-online-akademie.de

http://www.astrophoenix.de

http://www.bzga.de

http://www.bmg.bund.de

Die Horoskopgrafik im Kapitel „Ein Beispiel aus der Praxis" wurde mit dem Programm *Astroplus* der Firma Astrocontact Software erstellt.

Verzeichnis der Übungen

Übung: Alles oder Nichts   71

Übung: Angstskulptur auflösen   86

Übung: Anker setzen für Kreativität   83

Übung: Apfel   99

Übung: Assoziieren – Dissoziieren   98

Übung: Auflistung aller Ängste und hinderlichen Beliefs, Überzeugungen und Glaubenssätze   63

Übung: Bilderklatschen   103

Übung: Das Staunen des Kindes   94

Übung: Die Erwartungslatte niedriger stecken   89

Übung: Die Schuld haben immer die anderen   76

Übung: Eigene Belief-Liste erstellen   102

Übung: Fragenkatalog „Frei sein"   86

Übung: Fragenkatalog für Gefühle und Bedürfnisse   73

Übung: Fülle erleben   105

Übung: Gehe hinaus und finde einen Baum   59

Übung: Glaubenssätze mit Gegenbeispielen entmachten   64

Übung: Herausdrehen und tanzen   114

Übung: Innere Ruhe   114

Übung: Körperwahrnehmung   87

Übung: Kreis gehen   95

Übung: Mein persönlicher Reichtum   64

Übung: match-mismatch   82

Übung: Mit dem Baum atmen   105

Übung: Motivationsschub   120

Übung: Oben und Unten verbinden   119

Übung: Polaritäten zusammenführen, Nähe-Distanz   95

Übung: Reise zur Kraftquelle   73, 82, 117

Übung: Remembering   109

Übung: Schnelle Gefühlsveränderung durch Hin- und Herhüpfen 92

Übung: Schutz   70

Übung: Teilziele feiern 90

Übung: Universum, fokussieren – defokussieren   97

Übung: Urvertrauen ankern   65

Übung: Verzeihen und loslassen im Steinkreis   110

Übung: Vom Perfektionismus zu „Ich bin gut, ich bin zufrieden mit mir, ich darf Fehler machen." 92

Übung: Vom Jetzt zum Ziel   117

Übung: Vom Müssen zum Wollen   65

Übung: Wertehierarchie   69

Übung: Zeitreise – Dem inneren Kind begegnen   75

Übung: Zielrahmen   113

Übung: Zweite Position   80

Über die Autorinnen

Barbara Schütze (1964) ist Kommunikationstrainerin, NLP-Lehrtrainerin, NLP-Lehrcoach, Lebens-und Sozialberaterin sowie Trainerin für Persönlichkeits- und Teamentwicklung. Ihre Schwerpunktthemen sind Systemische Prozessbegleitung, Führungstraining, Konfliktmanagement, Zielerreichung, Zeitmanagement. Autorin des Buches *Der Kaiserin neue Kleider, das Lebe-dich-selbst-Prinzip* (2002) sowie Herausgeberin der *Verwöhn CDs* (2010) und der *PrüfungsCoach CDs* (2010).

Kontaktadresse: Barbara Schütze, Postfach 1132, 85643 Steinhöring
E-Mail: info@lebedichselbst.de. Internet: www.lebedichselbst.de

Dagmar Wäscher (1964), lebt und arbeitet als Gesundheits- und Krankenpflegerin sowie Astrosystemische Beraterin in München. Sie arbeitet nach den Methoden der Schule für Transpersonale Astrologie gemäß Michael Roscher und auf der Grundlage eines systemischen und lösungsorientierten Ansatzes nach Christopher A. Weidner. Ihr Schwerpunkt ist die Astrologie des Standortes. Veröffentlichungen von Artikeln in verschiedenen astrologischen Fachzeitschriften. Autorin des Buches „*Das Comeback der Generation X*" (2009).

Kontaktadresse: Dagmar Wäscher, Hansastr. 123, 81373 München,
E-Mail: dagmar.waescher@web.de

DAGMAR WÄSCHER

Das Comeback der Generation X

Die Uranus/Pluto-Generation und ihre Herausforderungen
70 Seiten, Paperback, 6 Abbildungen
ISBN 978-3-937077-40-6

Die Autorin wirft in diesem Essay einen Blick auf die zwischen 1960 und 1970 geborenen Jahrgänge. Was kennzeichnet diese Generation? Was ist die Erblast ihrer Eltern? Diese Generation, die alles anders machen wollte, steht heute vor einem Scherbenhaufen. Aber das ist kein Grund, den Kopf in den Sand zu stecken. Gerade die Uranus/Pluto-Konjunktion ist für diese Menschen ein Schatz, den sie nur heben müssen. Diese Generation muss jetzt bestimmte Themen in Angriff nehmen und gesellschaftliche Verantwortung übernehmen, um innere Zufriedenheit erlangen zu können.

Astrologie Heute Nr. 145: *Dagmar Wäscher gibt in ihrem Buch Heil-Bilder und Übungsvorschläge vor, um die inneren Schätze heben und die Visionen verwirklichen zu können. Es lohnt sich für alle, sich diesem Thema zu stellen.*

PETRA NIEHAUS UND INGRID WERNER

Astrologie
als lebendige Erfahrung

Vom kreativen Umgang mit den inneren Anteilen
281 Seiten, Großformat, Spiralbindung
ISBN 978-3-937077-27-7

Das bislang ausführlichste Handbuch zur erfahrbaren Astrologie! Jedem Planeten, Zeichen, Haus und Aspekt wird ein Kapitel gewidmet. Innerhalb dieser Kapitel gibt es einen einführenden Text. Danach schließen sich Übungen an, die es ermöglichen, die Energien auf verschiedenen Ebenen kennen zu lernen und zu erfahren. Körperübungen werden genauso angeboten wie Begegnungs- und Kommunikationsübungen, Rollenspiele, Malerei, Schreiben, Meditation, Reflexion und Fantasiereisen. Eine wahre Fundgrube mit 400 Übungen und eine Bereicherung für jeden unterrichtenden Astrologen.

Astrologie Heute Nr. 132: *Es liegt uns hier ein bunter Frühjahrsstrauss an Möglichkeiten vor, die Astrologie mit allen Sinnen zu erfahren. Und nun braucht es nur noch Initiative und etwas Mut, um diese Erfahrungen alleine oder in einer Gruppe selber zu machen.*